暗記しない英語（上）

単語イメージから理解する前置詞・冠詞・基本動詞

斎藤博史

はじめに

「早く英語が分かるようになりたい！」
「早く英語が話せるようになりたい！」

　これは多くの日本人が切に願っていることです。逆を言うと、日本人がいかに英語を習得するのに苦労しているのかが分かります。学校で何年も英語を勉強してきているというのに……。
　学校では文法をたくさん勉強させられますね。でもそれで英語が理解できるようになったという人に出会ったことがありますか？

　誰でも辞書を使って英語の意味を調べたことは何度もあると思います。辞書には一つ一つの単語について意味がたくさん書かれています。英和辞典や和英辞典、英英辞典、どれを見ても一つの単語であるにもかかわらず、意味がたくさん説明されています。それらを読んでいくと、同じ一つの単語なのにまるで違った意味のような説明がされているものもたくさんあります。

「え～い、いったいどの意味が正しいのだ！」
「どれを覚えればよいのだ！」
「こんなにたくさん覚えられるわけがない！」

……あまりの多さに、そこで挫折してしまいます。

　学校から離れてみると、今までに、いや今現在でも本屋さんには数多くの英語に関する本が並べられています。「英語がマスターできる」といった類いの本だけでなく、いろいろな英語の構文を覚えさせようとするもの、その他ビジネスで使う英語、レストランや駅などでの英語の使い方、などを説明したものが並んでいます。
　皆さんはそういう内容を幾度となく読んだことがあるでしょう。だからここではそれらについてお話しはしません。

　ただ一つ言えることは、**それらがあるにもかかわらず、英語がいっこうに**

はじめに

上手くならない、ということではないでしょうか？

　早く英語が上手になりたい。
　それなのに文法だとか、辞書にあるたくさんの意味の羅列だとか、英語をマスターする方法だとか、何をすべきだとか、してはいけないとか、……。
　いったい何をすれば英語が本当に分かるようになるのかまったく見当がつかない、というのが実情だと思います。
　生活のなかで遭遇する言い回しをすべて記憶することなどは不可能なことですし、ビジネスで使うおびただしい数の英語のパターンもとても記憶できるわけがありません。万が一丸暗記できたとしても、それらを使うのと同じ境遇に自分が出会うことなど実際はほとんどないでしょう。もし遭遇したとしても、そのなかで一番適切なものを瞬時に頭の中に呼び出して使うことなどは不可能です。

　また、ただ何も考えずに会話の言い回しだとか構文だとかを丸暗記しろ、と言われても自分ではっきりと納得できないものはなかなか覚えることすらできません。
　無理やり覚えようとすると頭の中がパンクしてしまいます。
「能書きはもうたくさんだ。早く英語をマスターしたい！」
というのが本音ですよね。
　日本人が英語ができない本当の理由は、
「英語の個々の単語の本当の意味を理解していないから」
なのです。

「えっ、なぜ？　辞書には単語の意味がすべて載っているじゃないの!?」と反論する人がいるかもしれません。
　でも辞書に載っている意味は、たった一つの単語に対してあまりにもいろいろな種類の意味が載っていて、いったいどれがその本当の意味なのかが分かりません。そのうえ単語の本来の意味からはとうてい想像もできないようなものすら辞書には載っています。

　そんなものも含めて、とても多過ぎて覚えられません。

3

さらに、辞書や英語の文法書に出てくる意味や言い回しは、皆上手な日本語訳になっているか、あるいはその場の説明を先に記憶させるようになっています。
　そのため、それらをほとんど仮に全部覚えても、実際の場面に遭遇したときは、「え〜と、挨拶の場合には、え〜と、……」とか、「レストランで注文するときは、え〜と、……」といった具合に、**まず日本語で考えないと英語が出てきません。**
　いずれにしろ該当の日本語、あるいはその説明をまず思い出さないと使えないのです。
　こういった記憶の仕方では英語を理解したとは言えません。

　この本は、**英語それぞれが持つ固有の意味、本来の意味、本当の意味を「イメージで直感的にとらえる」**こと、そしてそれができるようになることを第一目標にしています。
　そうすればたくさんの数の、しかも単なる上っ面の英語の言い回しなどを記憶する必要もなくなります。

　それよりも、**その場に適切な言い回しを、自分で自分の言葉として作れるようになります。**それこそが本当の意味での言葉です。
　言葉は自分で作るものですよね。

　さらに言いますと、一つの英語の意味は、その一つだけの意味を**「感じ取る」**、それだけでよいのです。辞書に出ているたくさんの種類の意味、そしてまた生活で使うたくさんの英語の言い回しを全部覚える必要はありません。ですから、とても簡単なのです。
　そして一度英語の意味を**「イメージで直感的に」**とらえることができたならその英語をもう忘れることは決してありません。いわゆる「身体で覚える」ということになります。

　子供は非常に早く言葉を覚えることができます。それでも子供は文法を勉強しません。翻訳も勉強しません。辞書に出ているたくさんの日本語訳を覚

えるわけでもありません。ただ一つ一つの言葉の持つイメージを**「直感的に感じる」**だけです。

　言葉の一語一語の意味を「身体で覚える」のです。一つの単語の意味について例えば10個もの日本語訳を覚える必要がありません。一つの単語に対して、それに対応した意味を原則**「一つだけ身体で感じる」**だけです。だから早く言葉をマスターできます。

　さあ、あなたもこの原点に立ち返って、同じようにしてみてください。

　それには英語の本来の意味を理解し、「感じ取って」ください。それをこの本の中で示します。そうすればするほど、早く言葉をマスターできます。

　残念ながら我々大人は子供と一緒になって、それに今、特に英語だけを使ったりして遊ぶことはできません。ですから、代わりにこの本の中で、「イメージ的・直感的に」、英語の言葉、つまり単語の意味をつかんでほしいと思います。本の中に出てくるイラストはどちらかというとおまけです。
　説明をじっくり読めば、英語の「本当の意味」が理解できるようになります。「あ〜、これはこういう意味だったのか〜」という感じがすると思います。

目　　次

はじめに ……………………………………………………………… 2

第1章　なぜ熟語の暗記はいけないのか　　9
- ◆英語は英語として直感的に理解する ……………………… 9
- ◆日本語訳を記憶しても会話についていけない …………… 10
- ◆英語が意味する通りに「感じる」 ………………………… 13
- ◆英語を素直に感じられれば、英作文ができる …………… 15

第2章　最も簡単なはず!?の「冠詞 a と the」　　18
- ◆使用例を暗記しても使うのは難しい ……………………… 18
- ◆a は「数ある中の一つ」を意味する ……………………… 21
- ◆the は話し手も聞き手も知っている場合に付ける ……… 26
- ◆a と the の結論 …………………………………………… 29

第3章　勘違いされがちな「前置詞」　　44
- ◆「前置詞＋名詞」で「動詞＋目的語」の意味を持つ …… 44
- ◆at……ある場所、一点 ……………………………………… 48
- ◆by……大きなものの脇にちょこんといる ………………… 49
- ◆to……ツーっと指差す方向に行き到達する ……………… 53
- ◆for……先広がりを持った感じで方向を指す ……………… 57
- ◆against……ドシーン！とぶつかる ………………………… 59
- ◆on……のっている、くっついている ……………………… 60
- ◆onto……その上にくっついてずうっと向かって行く …… 62
- ◆off……ある場所から離れる ………………………………… 63
- ◆over……上方をざぁーっと越えていく …………………… 65
- ◆under……下方を潜り抜けていく ………………………… 67

- ◆underneath……すぐ下に隠れている … 68
- ◆with……一緒に対等に腕や手を組む … 69
- ◆without……一緒でない、なしで済ます … 71
- ◆within……一緒に中に閉じこもる … 72
- ◆of / about……of は「のもの、のこと」、about は「周辺近くについていろいろ」と共に後ろに説明を付ける。2つは実は似ている … 73
- ◆from……〜からやって来る … 75
- ◆in……中にある … 77
- ◆inside……内側であることを強調する … 79
- ◆into……中（in）にツーっと入っていく … 80
- ◆up……アップアップまで上へ行く … 82
- ◆down……ダウンダウン下に下がる … 84
- ◆around……ぐるりっと回る … 86
- ◆across……横切る … 88
- ◆through……スルーっと通り抜ける … 90
- ◆above……ある一線（レベル）から上 … 92
- ◆below……ある一線（レベル）から下 … 93
- ◆before……前にいる … 94
- ◆after……後ろにいる … 95
- ◆between……間にある … 96
- ◆among……3つ以上の間（中）にいる … 97
- ◆out……外にいる、外に出ていく … 98
- ◆out of / out to……out of は「外に出る、〜のとこから」、out to は「外に出て〜ってとこまで行く」 … 101
- ◆behind……後ろ … 102
- ◆toward……ある方向に向かって行くだけで、to と違って到着しない … 103
- ◆beyond……遠くに越えている … 105
- ◆during……ある期間ずうっと続いている … 106

- ◆along……長いものにずうっと沿って動く ……………………… 107

第4章　意外と理解されていない「基本動詞」　108
- ◆have……自分のものとして拘束し、長期間手元に置く ……… 108
- ◆get……短時間、心の中に確保する ……………………………… 114
- ◆take……つかんで持っていく ………………………………… 118
- ◆make……つくる ………………………………………………… 122

第1章　なぜ熟語の暗記はいけないのか

　はじめに、「**英語が分かるようになるには、イメージで直感的に感じる以外にない**」ということを説明します。

◆英語は英語として直感的に理解する

　それを説明するのに、まず英語の熟語（イディオム）を記憶するとなぜいけないのか、という観点から見ていきましょう。

　皆さんは誰しも英単語を記憶しようと努力した経験があると思います。でも結局は挫折して、そしてその次に気が付くわけです。
「あ、そうだ、個々の単語より言葉として意味を成す熟語を覚えた方が役に立つに違いない」と。

　それで一生懸命熟語を覚えようとしたり、また現在そうしている人も多いのではないかと思います。でも、**熟語を覚える、そのこと自体がかえって英語を理解する際の、特に英会話での足かせになる**という、ある意味でショッキングなお話から先に始めたいと思います。

　英語の単語には、皆さんもご存知のように、名詞や動詞、助動詞、前置詞、その他、形容詞、副詞、冠詞などがあります。名詞や形容詞や副詞は辞書を引けばその意味は大体分かります。そのイメージも浮かびます。動詞も基本的には理解できるでしょう。
　でも、辞書にはたくさんの意味が出ていて理解ができない、というのも実情だと思います。
　基本的な動詞、例えば、haveだとかget、takeなどは、辞書で引くとあま

りにもたくさんの意味が出ているため、簡単な単語と思われる割には意外と理解ができてないようです。それに must や may、can、will、would、could などの助動詞はちょっと分かりにくいところがあるかもしれません。

　前置詞を見ますと、数も少なく意味的に難しい内容のものではありません。単語の文字としての長さも短いものです。だから自分では理解していると思っている人が多いのかも知れません。ところがです、それが曲者なのです。

　実は実際には理解していないのに、簡単に見える単語だから自分ではもう理解していると「勘違い」している人が多いのではないかと思います。

　多分、日本語訳を記憶して、だから自分はもう知っていると勘違いしているのだと思います。でもそうやって辞書の日本語訳を覚えるから、英語ができなくなります。日本語への翻訳はできても、特に会話と英作文ができなくなります。

　しかし、この前置詞の本当の意味が理解できれば、つまりその前置詞を聞いた瞬間に「身体で感じる」ことができれば、全体の英語力がぐんと上達します！

　さて、これら名詞、動詞、前置詞を組み合わせたものが「熟語」です。動詞と前置詞、または前置詞と名詞だけを組み合わせた熟語もあります。
　英語は熟語で覚えないと駄目だとよく言われます。そのため世の中には熟語の本も氾濫しています。辞書にも熟語がたくさん出ています。ですからそれらを覚えようとする人は非常に多いと思います。でも実は、それが時間の無駄であり、それら**熟語を覚えたら、覚えたこと自体がかえって英語で会話するときの妨げになるのです。**

◆日本語訳を記憶しても会話についていけない

　例を挙げます。by the way という熟語を見てみましょう。
　この熟語の訳は辞書で引くと、「ところで」などとなっています。
　ここで、ちょっと待った！です。
　by the way のどの部分が「ところ」に対応する意味で、またどの部分が残

りの「で」なのでしょうか？

　学校では、意味を正しくとらえて、できるだけ直訳することを教えます。直訳は確かに意味を正しくとらえていないとできません。ところがです、そう言っておきながら、by the way のどの部分を「ところ」という言葉で訳しているのでしょうか？　これは答えなくてもいいですよ。どうせ誰も答えられないでしょうからね。あえて聞きません。
　一方で、by the way を「ところで」と訳した人は偉いと思います。確かに意味的には「ところで」なのです。
　でも、それでは英語のそれぞれの単語の意味、つまり by と the と way のそれぞれの意味を理解したことになっていません。

「でも、熟語として意味を理解していればそれでよいではないか!?」と言う人がいるかもしれません。
　でもですね、**会話の中で相手が by the way と言ったときに、それを聞いて自分の頭の中で、「あ、by the way と言ったな。ではその意味は「ところで」でいいんだな」などと訳しているようではもう間に合わなくなるんです。会話についていけなくなります。**
　そんなことを頭の中で考えている間に、相手は次のことをもうすでに話し始めているはずです。その結果、あなたは相手が話す次の言葉を完全に聞き漏らしていることでしょう。私も昔そういった経験を何度もしました。

　熟語を覚えるということは、その熟語の中の個々の単語の意味を無視して、熟語全体で訳した「日本語を覚える」ということです。

　つまり、それぞれの英語の意味を理解するのでなく、全体を日本語で覚えてしまうわけです。**この英語ではなく日本語を記憶する、という点が最大の欠陥なのです。**

　ですから会話の中でその熟語に気が付いたときに、どうしても自分の頭の中でその全体の日本語訳を探そうとしてしまいます。で、その日本語訳に置き換えようと自分の頭の中で四苦八苦することになります。
　それには時間もかかります。それですからその間に相手の次の言葉を聞き

漏らしてしまうわけです。
　熟語の日本語訳を思い出そうとして非常に神経も使います。その結果、英語で会話を交わすことが苦痛になってしまいます。すぐに疲れてしまいます。会話が楽しくありません。ですよね!?

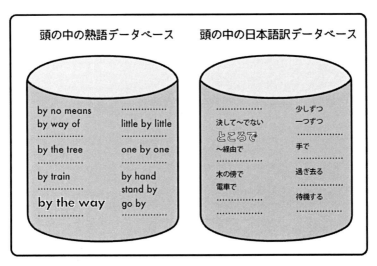

熟語を日本語で記憶していると、頭の中のデータベース探索が大変！

　by the way を本当の意味で理解するには、まず by を聞いたときにその by の意味をまず「直感的に」理解し、次に the を理解し、そして way の意味を理解していく、というのが当たり前のことではないでしょうか。

　会話の相手はその順番で話しているのですからそうなりますよね。だからその順番で理解していくのが自然です。実際は会話では the way はほとんど同時に話しますから一つの単語のように理解しますけどね。
　でも、by a way ではなく by the way と the を使って言っているのです。その違いの意味も大いにあるのです。a と the の違いは次章で説明します。

　いずれにしろ、by を聞いたときに、次に the way が来るのか、それとも例えば the tree がくるのか、by まででではまだ分かりません。でも by を先に理解しておけば、あとは the way が来ようが、the tree がこようが、それぞ

れits残りの実質一つの単語を理解すればよいだけになります。
　by the way か by the tree をすべて聞き終わった段階で初めてそれが自分の知っている熟語なのか、あるいは by the tree のような単に by と the tree がつながっただけのものなのかを知るというのでは、それだけを考えてみても、随分とおかしなことだと思いませんか？

　そしてもし by the way となった時点で始めて、自分の頭の中のデータベースを検索し、そして「あ、これは自分の知っている熟語の一つだ」と判断し、それからようやくその意味の「ところで」を引き出して、当てはめていく……、こんな悠長ことをしていてはもう遅すぎるに決まっていますよね。そんなことをしているから、会話の相手が話す次の言葉を聞き漏らしてしまうのです。

◆英語が意味する通りに「感じる」

　今ここでは簡単な by the way という熟語で説明しましたが、他の熟語でも皆同じです。

　例えばもう少し長い熟語、**have nothing to do with** を見てみます。これを「〜に関係ない」などと日本語で覚えているとさらに大変です。「〜に関係ない」という日本語を自分の頭のデータベースから取り出すのも大変ですが、英語の場合、日本語では一番先に来る「〜に」というのが逆に後ろから説明されるのです。きっと「〜に関係ない」という日本語を自分の頭から取り出そうとしている間に、「〜に」の説明を聞き逃していることでしょう。

　さらに付け加えて言いますと、そもそもこの英語の中には「関係」の「か」の字の言葉すら入っていないのです。
　英語がそう言っていないのに、無理やり「〜に関係ない」と覚えさせようとするから無理があります。
　ただ頭から丸暗記だけ、それも日本語で丸暗記するだけになります。これでは英語が表している本当の意味を理解したことになっていません。

いくら意味的に近いといっても、英語の言葉としてはそういう表現をしていないのです。正しくはやはり英語が意味する通りに「感じる」べきです。それが当然ではないでしょうか。

例えば、It has nothing to do with me.を「それは私には関係ない」と日本語で記憶したとしますと、それでは誰かがちょっと言い回しを変えて、It has nothing to do by me.と言ったらどう日本語に訳すというのでしょう。
両者は単にwithとbyだけの違いです。withとbyの意味を直感的につかんでいれば、この両者のニュアンスの違いは難なく理解できます。

さらに、同じような意味を持たせる文章はいろいろ作れます。例えば、
It has nothing to do to me.
It does not have anything to do with　（またはby、toなど）　me.
It may have nothing to do with　（またはby、toなど）　me.
It should not have anything to do with　（またはby、toなど）　me.
It has definitely nothing to do with　（またはby、toなど）　me.
There is nothing that it can do with　（またはby、toなど）　me.
It is not that it can have anything to do with　（またはby、toなど）　me.

などなど、大体は皆同じような意味の言い回しになります。そのときの会話の状況や、相手の状態、自分の気持の状態などにより言い方を少しずつ変えることができます。その方が会話として自然です。

必ずしもhave nothing to do withだけが「〜に関係ない」を意味する正しい熟語であるとか、その訳しかないなどとか、日本語訳だけで記憶するようなことはしないでください。

そんな難しい覚え方をするより、それぞれのhave、nothing、to、doやその他withやbyなどの前置詞、canやmayやshouldなどの助動詞、definitelyなどの副詞などなど、それぞれの単語の意味を一つだけ、身体で感じておきさえすれば、それらを組み合わせて言葉にしてもそれぞれの単語の意味を単純に合わせた文章の意味になるだけなのです。

もちろん言葉というのは過去の習慣や歴史を引きずってできてきている場合もありますから、裏の意味があったりもします。ですが、まずはそれぞれの単語の本当の意味、ニュアンスをつかみ、それらをゆっくりでもよいですから組み合わせて、まずは自分の言葉というものを作る練習をしてください。
　その方が他人が作った「粋な」「難しい」言い回しをたくさん記憶しようとするよりはるかに簡単です。

　少し練習すれば、自分が言いたいことを、自分の言い回しによって言えるようになってきます。結果的に英作文ができる、つまり会話ができるようになって来るということになります。しかも、それが間違わない、正しい英語になるはずです。
　皆さんは後続の章でそれぞれ前置詞や助動詞、それに基本動詞の意味、ニュアンスを理解し、ぜひ自分の文章が作れるようになってください。

　英語が表現している意味をそのままに「感じる」、それがまず必要です。そして実はほとんどの場合、それだけでよいのです。日本語訳で覚えずに、です。

◆英語を素直に感じられれば、英作文ができる

　どうでしょうか。英語の熟語を日本語訳で覚えておくというのは、会話する際の足かせになるということが分かりましたでしょうか？

　熟語を覚える、日本語で記憶するというのではなく、それぞれの単語の意味を一瞬のうちに「感じてとらえる」こと、それこそが正しい英語の理解の方法です。
　by the way の場合、それぞれ by、the、way を、熟語を訳すのと同じように日本語に翻訳していたのではまた会話に置いてきぼりを食います。
　コツは、それぞれの意味を「イメージで」「直感的に」とらえることです。

　by を「によって」などと頭の中で訳していたのでは、やはり会話について

いけなくなります。大事なのは、by を訳すのではなく、その意味を「イメージで直感的に」つかまえて理解するということです。その方法については第3章を見てください。その中では出てくる前置詞の意味すべてをできるだけ「直感的に」とらえられるよう、説明をしています。

　個々の単語の意味を「イメージで直感的に」理解するというのは多少練習が必要です。そして、それには多少時間もかかります。
　でもそれは何年もかかるようなことではありません。練習時間をどれだけ費やすか、または個人差もあるでしょうが、意外と早くできるようになると思います。言葉というのはどの国の言葉でも、皆そうやって「直感的に」理解しているはずです。だからそれが普通なのです。当然、日本語でも同じです。

　結論として言いますが、「英語の熟語や単語を日本語で記憶するのは誤り」です。

　個々の単語の本当の意味を「イメージで直感的に」とらえられれば、熟語として覚える必要はなくなります。そうすれば、もう自分で熟語を作り出すことさえできるようになります。辞書に出ていないような熟語を作ることさえも可能になります。そしてそれが相手に立派に通じるのです。
　もういちいち辞書などで熟語を覚える必要はありません。熟語は自分自身で作るものです。

　その結果、当然のことながら、自分が話す英語の文章を自分自身で自由に作成できるようになってきます。さまざまな英語の構文だとかレストランでの注文だとか、いろいろなシチュエーションでの言い回しなどを丸暗記する必要もなくなります。そんなものは学校の友達や会社の同僚と英語で話すときには何の役にも立ちません。

　自分で自分の英語の文章が作れるようにならないと、会話はできません。

　そうですよね。そのためには、英語のそれぞれ固有の意味、本来の意味、本当の意味を「イメージで直感的に」とらえること、それが必要最低条件に

なります。

　この本の前置詞を説明している章の終わりに、熟語は自分で作れます、ということを例文と共に示しています。ぜひ、自分でも熟語を、そして自分の英語の文章を自分自身で作れるようになってください。

　前置詞の章以降も、よく使う動詞や助動詞など英語の意味を直感的に理解できるように説明をしています。自分の頭の中のイメージで英語を理解さえすれば、誰でも自分で自分の英語の文章を即座に作れるようになりますよ。
　そしてそれこそが、英語をマスターしたということになるのではないでしょうか？　ね、そうですよね!?

第2章　最も簡単なはず!?の「冠詞 a と the」

さあ次に、「英語をイメージで直感的に理解する」ということをさらに理解していきましょう。

◆使用例を暗記しても使うのは難しい

a と the は「最も簡単な」単語です。ですからほとんどの人が知っているはずではありますが、実のところ非常に多くの人が理解できていないというのが実情ではないかと思います。

それはなぜかというと、**a と the を「イメージで直感的に」感じることができていないからです。**

それ故それらを正しく使えていない、というのが悲しい現実です。これから a と the の説明を以下にします。ぜひ「イメージで直感的に」理解してしまってください。そうすれば、もう二度と忘れることはありませんから。

英語を学び始めのとき、This is a pen. とか、That is the desk. とかを勉強します。そして、a は「一つの」であり、the は「その」という意味だよ、などと教えられます。

でもその後、その意味をあまり意識せず、というかほぼ忘れてしまって、a をつけるのか、それとも the をつけるのか分からないという人は多いのではないでしょうか。

例えば、「犬は考えることができる」という文を英語でいう場合、
A dog can think.

なのか、それとも
The dog can think.
なのか、あるいは
Dogs can think.
にするのか……。
どれにすべきか迷う人はいませんか？

　主語の名詞にはaかtheをつけるんだよ、というのも習った記憶があります。そんなことを真面目に覚えているが故に、**A dog can think.にしようか、それともThe dog can think.にしようか、かえって余計に迷う結果になっていませんか？**　実は自分の場合がそうでした。
　aとtheの意味を「イメージで直感的に」理解せず、「こういう場合には、こうするんだよ！」と教わったことだけを真面目に覚えた、つまりaとtheの説明を覚えてしまったのです。
　そのため、言葉の出だしの主語を言うとき、その「説明を思い出す」結果になりました。それで説明を思い出す時間と、aにしようかtheにしようか迷う時間が合わさってなかなか話し始めることができません。
　こうなると、これはもう言葉ではありませんよね。
　こういう勉強の仕方は、もう受験のための勉強という以外、他のなにものでもありません。こんなことで会話がスムーズに進むわけがありません。あなたはこういう感じで英会話のときに苦労していませんか？　きっと、そういう人が多いのではないかと思います。私事ですが、まさにそのために随分長い間苦労をしてしまいました。

　太陽や月にはtheをつけて、the sunあるいはthe moonというんだよ、というのも習ったと思います。でもそれはなぜだか説明を受けたでしょうか？　説明されたかも知れませんが、忘れてしまっている人も多いのではないでしょうか？

　さらに、昔読んだ英語の学習本の中に、「人々」というのはpeopleで、「国民」という場合にはthe peopleと、theをつけるんだよ、というのを読んだことがあります。その後、それを10年以上信じていましたが、**その後にそれは決して間違いではないが、正しくもないということが分かりました。**the

の意味を理解したから、それが分かりました。

まだまだこういう話は尽きません。でもこのくらいにして、a と the の説明の本題に入りましょう。

a と the の意味

　a と the の意味は、やはり a は「一つの」、そして the は「その」という意味なのです。辞書にある通りです。

「あれ、な〜んだ！」という感じでしょうか？　でも、それでもそれが分かってないから、つまり実際に英会話で使いこなせてないから問題なのです。

　では、なぜできないのでしょうか？　それは a と the の意味を、単なる日本語訳だけ聞いて理解した気になっているだけで、実のところその本当の意味を「身体で感じ取ってない」からです。
　そのことをもう少し説明したいと思います。

　学校での英語の授業のときに、確かに a は「一つの」、the は「その」などと習ったのですが、一方で英語を訳すとき、いちいち、a を「一つの」、the を「その」と訳さないでよい、あるいは訳さない方が自然体の日本語になるということも習いました。なるほど、よく分かります。
　確かに、
A dog can think.
を訳すのに「1匹の犬は考えることができる」というより、単に「犬は考えることができる」とした方が、日本語として自然です。
　英語の授業では英語の和訳をたくさん習います。そういうことが度重なり、いつのまにか a や the を訳さず、無視してきてしまいました。その結果、不幸にも a と the の意味を忘れてしまったのではないでしょうか。

　日本語ではいちいち「1匹の犬」とか「一羽のカラス」などと数を付けないで話を進めます。しかし英語では、数えられる名詞には、一つであれば、a または one、二つであれば two、などと数量を付けて話を進めます。日本

語ではその点を気にしないですから、日本人にとって余計 a の意味がおろそかになってしまっています。

◆a は「数ある中の一つ」を意味する

ここではっきり言っておきます。**英語で a を付けるのは、確実に「一つ」を意味したいから、だからこそ a を付けている、ということです。**

「一つ」であるということは「二つ」や「三つ」ではなく、あくまで「一つ」だから「一つ」を意味するために a をつけるのである、ということです。

当たり前のことのようですが、日本語では数をアバウトにして話を進めるのが普通のため、このことを重要視しない、あるいは真には理解できていないようです。確かに日本語としてはそれが正しいのではありますが、英語の授業では a をいちいち訳しませんからね。

ということで、ここで注意ですが、a の「一つ」というのは、あるものが**「その端から端までそっくり他のものと独立して、離れて存在している」**という意味のものです。他のものの一部としてくっついて存在しているものには **a は付けられません。**

これは日本語の場合も大体は同じですが、ただし日本語の場合は、例えば「机の一部」という言い方で机のある部分を「一部」と表現してしまいますが、英語ではそれは a ではありません。独立して切り離されている状態ではないからです。ノコギリとかで切り離してしまえば、そうすれば a になります。

つまり、"a part" of the table は「元のテーブルから切り離された部分」という感じになってしまいます。part of the table であれば「テーブルからまだ切り離されていないテーブルのある部分」になります。その他、ネジやクギなどは一つ一つが a part になっています。

時間では、a time は「始めという端から終わりという端までの時間間隔」の意味になります。つまり「ひととき」という時間間隔になります。a life

は「生まれてから死ぬまでの全人生」、つまり「一人生」の長さになります。
　病気ですと、a cold は「風邪を引いてから完治するまでの病気」の意味で使います。

　a をつけない場合は、例えば time ですと「時間という性質のもの」という、いわゆる日本語で始めも終わりも感じない単なる「時間」という感じになります。病気の cold はまだ終わりが見えない、つまりまだ完治していない場合の風邪の意味になります。
　こういう a の感じをぜひ掴んでおいてください。非常に重要です。

　ということで、日本人にとって a の意味が分かりにくい、というか a を無視するようになってしまっていますが、英語ではこの a の意味は、文字通りはっきりと意味を持っています。ですから、a が出てきたら、はっきりと「**一つの**」という意味を「感じ取る」ことが必要です。
　「物理的に」「ほら、そこにあるその一つ」と指差せるくらいの「一つ」です。

　さらにいうと、a が出てきたときに「イメージで直感的に」その a を理解すること。そのためには、a を単に「一つの」程度に理解するのではなく、「**ある一つの**」または「**ほら、一つですよ、数ある中の一つですよ**」という感じで大げさに a を意識して「感じ取る」ようにした方がよいということです。

　または、a dog であれば、
「ほら、一つ、二つと数えられるほどたくさんいる犬の中で、その内のある1匹の犬がいるでしょ、見えるでしょ。それですよ、その1匹の犬ですよ！」という感じで、心の中で1匹の犬をイメージしてください。a といっているのですから、あくまで1匹の犬を想像します。それくらいに a には意味があります。
　a は、two とは違います。話し手はあくまで「二つや三つではなく、一つだぞ！」と、他の数と区別して言いたいから、そのイメージを表したいから、だから a をつけているのです。
　話し手がせっかく「一つ」と言っているのですからね、確実に「一つ」をイメージしてあげないと、かわいそうです。

例えば、
A dog can think.
と
Two dogs can think.
とは明らかに違います。

　上は、**「1匹の犬は考えることができる」**、つまり「ほら、数ある中でその内のある1匹の犬がいるでしょ。その1匹の犬は考えることができるんですよ」と言っています。
　1匹の犬が考えている姿を想像してみてください。
　それがA dog can think.の本当の意味です。「イメージで直感的に感じ」ましたでしょうか？　ポツ〜ンと1匹の犬が考える姿です。
　一方、下は、**「数ある中でその内のある2匹の犬は考えることができる」**、つまり、なぜだか分かりませんが、この場合、1匹でなく故意に2匹の犬、とわざわざ言明して、そういう2匹の犬が考えられる、と言っています。わざわざtwo dogsと言わねばならない状況があるのでしょう。だからわざわざtwo dogsとしていることが考えられます。
　例えば、犬は1匹でなく、2匹集まればようやくまともに考えることができるのです、というような感じを裏に秘めて言っている場合も考えられます。
　普通はA dog can think.と言えばよいのに、わざわざTwo dogs can think.と言っているのであれば、それなりに理由があるのかな、とちょっと不思議に感じるわけです。そこでその話の裏の状況まで想像しながらこのTwo dogs can think.の意味を勘ぐる結果になります。

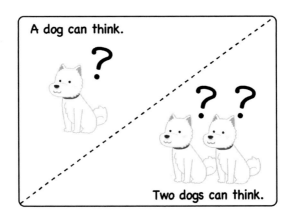

　どうでしょうか、A dog can think.と Two dogs can think.とではかなりその意味する深さが異なることが分かりましたでしょうか。感じ方のイメージが違いますよね。a の持つ意味の重要性もお分かりいただけたでしょうか？

　さらに付け加えますが、
I have two dollars.
と言えば「私は２ドルを持っている」ですが、
I have a dollar.
であれば「私は１ドル持っている」になってしまいます。a と two では全然重みというか意味も違ってしまうわけです。

a ではなく、複数形を使った場合

　もう一つ、Dogs can think.ですが、これは何匹かの数を気にせず、ただし、１匹ではない複数の犬が……と言っています。

　複数の犬が集まっている状況をイメージしてみてください。
　それら複数の犬が皆考えることができるのだ、と言っています。犬が考えることができるという意味では同じですが、
A dog can think.

を聞いたら、心の中でポツ〜ンと1匹の犬を想像して、数ある中のある1匹の犬が考えることのできる犬なんだ、という理解になりますし、
Dogs can think.
であれば、複数のワンちゃんが集まった状態を心の中に想像して、それらの犬が皆考えることができるんだな、という理解になります。複数の犬とは、ある人にとっては数匹かも知れませんが、またある人は世界中の犬を想像するのかも知れません。それはどちらでもその人の勝手です。1匹でない犬を想像する限り、その人の自由です。

　A dog can think.と Dogs can think.は同じことを言っているのではありますが、でも話の受け取り方、「感じ方」は両者で違いがあることはお分かりいただけたかと思います。
　逆に話し手の方は、それらの違いを相手に想像させよう、その違いから来るイメージを感じてもらいたい、と思って a dogにするか、dogsにするか、自分の心の中で決めてから話します。**どちらがよりインパクトを与えられるか、どちらで言えばより自分の言おうと意図していることが伝えられるかを意識して話します。**

　平たく言えば、a dogで言うとちょっと寂しい印象を受けますし、dogsと複数で言うと賑やかなイメージになります。All dogs can think.と言えば、さらに賑やかイメージになりますし、考えられない犬なんているわけがない、というような絶対的にすべての犬がそうなのだ、というより強い調子の意味になります。
　このように、自分が本当に意味したいのがどれなのかを意識しながら、それらを使い分けます。難しいように聞こえるかも知れませんが、会話では日本語でもそのようなことは常に行っています。
　例えば「1匹の犬が来た」と言うのと「100匹の犬が来た」と言うのでは随分と印象が違いますよね。英語でも同じです。
　aの持つ意味を意識して使ってください。また意識して聞いてください。

　ということで、英語でaが出てきたら、それを無視せず、「一つ、一つですよ」と言うくらいにおおげさに直感的に感じてください。
　または、a dogであれば心の中に「1匹の犬」のイメージ図を描いて、感

じてください。一つだからaと言っているんです。せっかく「一つ」と言っているんですから、「一つ」なんだなと、そう理解してあげてください。

aのイメージはつかめましたでしょうか？
アメリカのレストランでは、Give me a water.などとも言っています。
数えられない「水」にまでaをつけています。
正しい英語では、Give me a glass of water.ですが、a glass of waterなどと言うのは面倒なので、a waterですませます。aからくる「ほら、一つだよ、一つなんだよ」という意味を「イメージで直感的に」理解すれば、a waterというのも理解できますよね。
日本語でも「お水一つください」などと注文するのと同じです。
日本語でもよく考えると意味が分かりませんが、「イメージとして直感的に」理解できますよね。英語の場合も日本語の場合も、文法的にいえばどちらも間違っているのでしょうが、でも、意味的にはよく分かります。

◆theは話し手も聞き手も知っている場合に付ける

さて、次にtheの説明をしましょう。
theは、先ほど言いましたように、意味としては「その」とか「あの」になります。ただそれだけだとまだ理解しにくいと思いますので、もう少し説明しましょう。

theをつけるのは、つまり、会話している場合であれば、**theが出てきた時点で、「ほら、それだよ」という感じでお互いに「そのもの」をもうすでに理解している**、という状況下にあります。
そういう状況のときに、「そのもの」に対してtheをつけます。
だからthe dogと言ったら、「ほら、それだよ。あなたも私も知っているあの犬ですよ！」と言っているのです。動物界では犬や猫をはじめ、牛、馬、羊、猿、ライオン、象などがいるわけですが、そのなかで「ほら、あなたも私も知っているあの犬ですよ！ あの犬のことですよ！」というのがthe dogということになります。
ですから、The dog can think.と聞いたら、「あ〜、あの誰もが知っている

犬という動物は考えることができるのだ」と言っているのだな、と理解することになります。「dog（犬）」という存在を話し手も聞き手も知っているから、だから the dog と the をつけられるのです。「dog（犬）」という動物はそれだけ有名だということです。

　でも、例えば、まだ一度も犬を見たことがない人に対して the dog などと言ったら、「え、どれ？　どのdog？　そもそもdogって何？」という疑問を抱かせることになるでしょう。

　両者が知っていると言う前提があるからこそ、初めて the が付けられるのです。

　もう一度繰り返します。

　the がついたら、あるいは the をつけるときには必ず会話の話し手と聞き手、あるいは本の作者と読者の間で、その the が出てきた時点ではもうお互いにそれを知っているものである、というのが前提です。

　それだからこそ「ほら、それだよ、それ、それなんだよ」といった感じで the がつけられます。

the の使い方サンプル

　先に出た people の場合、会話の中で初めて「人々」のことを言う場合は、どの人々を指しているのか分かりませんので初めは the をつけません。

People can speak. などと主語にも the をつけないで言います。

　the を付けて the people と言うのは「ほら、それ、あなたも私も知っているあの人々ですよ！」ということになります。

　いきなり
The people can speak.
と言ったとしたら、聞き手に
「え!?　その人たちって言っているのは分かるけど、いったいどの人たちのことを言ってるの？」という素朴な疑問を抱かせることになるでしょう。

　逆をいえば、お互いにすでに分かっている人々について話をする場合は、the をつけて the people といえます。

　例えばコンビニの中で買い物しているお客さんの話をしているときに、
The people buy lunch there.
と言えば、「それらお客さんがそこでお昼ご飯を買う」という意味になるでしょう。また例えば、日本の政治や社会の話をしていて、その中で誰かが
The people must speak up.
などと言ったら、このときの the people は当然「日本国民」だと思うでしょう。日本のことを話しているときに the people と言えば日本国民、アメリカのことを話しているときに the people となればそれはアメリカ国民という理解になるでしょう。

　いずれにしろ「国民は声を上げて話をしなくっちゃ！」(The people must speak up.) という理解になります。

　でも the people と言ってもそれが必ずしも「国民」ということにはなりません。the people というのは「あなたも私も知っているあの人々のことですよ！」というだけのことですから。

　例えば100万年前の原始人の話をしているときに、
The people could not speak.
と誰かが言えば、聞き手はその the people というのは当然原始人のことだと理解します。国もない時代に、それが国民を意味するとは誰も思わないでしょう。The people could not speak.（原始人たちは話すことができなかった）と意味を捉えるでしょう。

　また、太陽や月、sun とか moon のことを話すときには、the sun、the

moon と通常 the を付けていいます。それは太陽とか月は誰もが始めから知っているあの太陽であり、あの月だからです。地球上では太陽も月も一つだけしかないからです。でも、もし、他の天体で月が 10 個もあるところがあれば、そこで the moon といきなり言ったら、「え!? どの月のことを言っているんだい？」っていう質問が返ってくることになるでしょう。

　ついでですが、大学（university）を言う場合、通常 the university と the を付けていいます。
　東京など大都市には今ではたくさんの大学がありますが、昔は大学というのはその土地で一つくらいしかなかったのでしょう。今でもそういう地域はたくさんあります。そういう地域で the university と言えば、もちろん「あなたも私も知っているこの地域のあの大学のこと」です、と当然理解できます。そういうことで今でも大学をいう場合、the university と the を付けます。
　一方、高校以下の場合、自分の町や地域に通常複数個あるでしょう。ですから、いきなり the high school と話したら、聞き手は「え!? どの高校のことを話しているの？ Which high school are you talking about?」って質問することでしょう。
　どうでしょうか、a と the の意味は分かりましたでしょうか？「イメージで直感的に」感じることができるようになりましたでしょうか？

◆a と the の結論

　この章の結論として、a が付いたら必ず「ほら、数ある中でその内のある一つなんだよ、二つ以上ではない、一つなんだよ」とはっきり意味を取ってください。a dog であればポツ〜ンと 1 匹の犬をイメージしてください。

　また、the が付いたら、それは話のその時点で「ほら、それ、あれだよ、あなたも私も知っているあの……なんですよ！」と「感じて」理解してください。the dog であれば「もうあなたも私も知っているあの（有名な）犬のことなんですよ！」と「感じて」ください。決して無視しないで意味を取ってください。

a dog と the dog の違いはイメージできましたでしょうか？

a も the もつけない場合もあります

　最後に、ついでに付け加えておきたいことがあります。
　dog など、数えられる名詞には a とか one とか two とかを付けるか、または不特定多数の意味でいいたいときは dogs などと数を付けずに複数形にしますし、また数量のことをはっきりさせるより「ほら、あの」犬だよ、などといいたいときは the dog という風に the を付けます。
　こういうと、数えられる名詞が一つのときには必ず a とか the を付けないといけないかと思うかも知れませんが、必ずしも付けない場合も有り得ます。例えば、
The behavior of dog is very interesting.
（犬の振舞いはとても興味深いよ）
などと、**特定の犬ではない「一般的な犬」の振舞い・行動のことを言う場合は、dog に a も the もつけないでいえます。**
　この a も the もつけない「犬」は「特に物理的に見えている 1 匹の犬ではなく、頭の中で想像的に、抽象的に感じる犬」になります。日本語で普通に「犬」というと皆この部類に入るのだと思います。だから日本人にとってはこの意味の方が理解しやすいのかと思います。
　つまり特に物理的な 1 匹の犬をイメージして感じるのではなく、犬という「抽象的な概念」を感じるだけ、それだけでよい場合です。

　別な言い方をしますと、a も the も付けない名詞、例えば dog の場合、それは dog という物理的な存在をも感じますが、それは 20％程度で、残りの 80％で感じるのは「dog の性質・属性・役割・使い道」といった形のない犬の概念・中身、いわゆる「ソフトウェア」という感じで意味をとります。
　英語のネイティブの先生が dog は犬の肉だなどと説明する場合があるかも知れませんが、それは 100％間違っているとは言いませんが、正しくもありません。中身であるという意味では間違っていませんが、必ずしも「肉」という意味ではありません。それはその先生の育った環境でそういう意味で使われていたからそう感じるようになったのでしょう。またはユーモア的に

説明しているのだと思います。正しく中身の属性・役割・使い道の意味で感じてください。

　話を先の英文に戻しますが、この文でdogにもしaを付けたりすると、
The behavior of a dog is very interesting.
（1匹だよ、ほら、数ある中でその内のある1匹の犬が見えるでしょ、その1匹の犬の振舞いはとても興味深いよ）
という感じの意味になります。これだと
「なぜある1匹（限定の）の犬の振舞いが興味深いのだろう？」
という素朴な疑問を抱かせますね。それは、今「犬の性格」と、話題を「ある狭い範囲」に限定したときに、その中で「ある1匹の犬の」と数をさらに1匹に限定し、限定のまた限定と話題を絞っているため、それだとその限定の限定から外れる点が誰でもすぐに気が付いてしまい反論したくなるからだと思います。
「なぜ1匹なのだろう？　それ以外の場合もあるのではないか？　例えば2匹の犬の性格とか3匹の犬の性格もある意味では面白いのではないのだろうか？」などと、です。一方
A dog can think.
のように犬を主語として使って「一般的な広い範囲」での話題にし、その中で数ある内のある1匹の犬が、と一般的にある1匹の犬を代表させて言うのであれば「ま、2匹の犬じゃなく1匹の犬で代表させてそう言いたければそれはそれでいいけどね」と、特に反論の余地がなくなってしまいますよね。従っておかしさも感じません。
　ところが「振舞い」という説明を付けて話題を狭い範囲に限ってしまうと、その中では「1匹限定の犬の振舞い」というのは奇妙に聞こえてしまいます。

　犬の振舞いと言う場合、日本語で単に「犬の性格」という感じで「一般的な犬」の「性格」というのであれば何の抵抗もなく理解できます。わざわざaをつけて「1匹限定の犬の振舞い」と言われるとちょっと不思議さを感じます。
　もちろん確かに「犬が1匹だけいるとき、その1匹限定の犬の振舞いというのがとても興味深い」ということであれば、それはそれで意味をなします。でもその場合は、この前後にもう少し説明がいりますよね。または話し手と

聞き手との間で、とに角「1匹だけの犬」について話しているのであれば、それはそれでまた納得です。ですからaをつけても必ずしも間違いだというわけではありません。

　ただ話の状況によっては、聞き手はいつも「イメージで感覚的に」意味をとらえていますから、「あれ？」という感じを与えるかもしれません、というだけのことです。聞き手はそれだけaの意味を理解し、無視せず感じて意味をとらえるからです。それだけaには意味としての重みがあるということです。でも、それほど大げさなことでもありませんから、それほど気にしなくてもよいのではありますが。そういうことを気にするより、とに角話を続けて行くことの方がどれだけ大事か分かりません。

　余談ですが。また、
The behavior of the dog is very interesting.
であれば、今特別にある犬について話をしていて、そのときに「ほら、それだよ、その犬の振舞いがとても興味深いよ」、または「ほら、あれ、あの有名な犬という動物の振舞いは興味深いよ」という感じになります。もし確かに「すぐそこにいるその犬」だとか「誰もが知っているあの有名な犬」のことを意識して、また意識させて言うのであれば、それはそれでまた納得できます。

　さらに、The behavior of dogs is very interesting.になると「たくさんの犬の振舞いはとても興味深いよ」という感じで、犬がたくさん集まると、そういう状態だとそれら犬たちの振舞いというのがとても興味深くなる、という感じになりますね。

　ここでさらについでに言いますと、この例文のbehaviorにはtheをつけます。それはその後ろのdogの振舞いであるのですよ、って始めから分っているbehaviorだから、それだからtheをつけています。
　theがついているということは、その時点で「ほら、あなたも私も知っているあの」ということですので通常はそれ以前に、説明がなされている場合なのですが、でも同じ一つの文章の中で、そして通常はそのすぐ後ろで説明されている、あるいは自分ですぐに説明するものについては先にtheをつけて、「ほらtheをつけるからある特定のものなんだぞ、それだよ、それ、theなんだよ！」と意味しておきます。そしてそれをすぐに説明してすぐにそれを「既知のもの」としての扱いにします。これは瞬時に判断することであり、

第2章　最も簡単なはず!?の「冠詞 a と the」

それにしては説明が長たらしくなりましたが、感じが分かりましたでしょうか？

　初めはゆっくり考えてからでないと the をつけるかどうか難しいかも知れませんが、慣れてくるとすぐに the をつけられるようになると思います。「イメージで感じると」それができるようになります。つまり、「これは the なんだぞ！」っていう意識が先に「イメージできる」ように、です。

「一般的に言う場合」と「特定の意味にする場合」

　上の説明でも大体はお分かりいただけたかと思いますが、物理的に「ほら、一つだよ」と言えるような特定なものには a を付けますし、「ほら、それだよ、それ」と指が差せるような特定のものには the をつけます。
　それ以外、一般的に頭の中だけで空想するようなもの、つまり観念的な意味でものについては a も the もつけません。日本人にとって名詞は通常この観念的に空想するイメージで感じるから、a も the もつけませんね。

　逆を言うと、「特定なもの」というのは空想的に頭の中だけで考えるのものではなく、目で見えるような具体的なもの、つまり物理的に数を数えることができるようなものである、ということです。
　ですから、それが一つであれば a、または指が差せるような「特定なもの」には the を付けないと筋が通りませんよね。

　名詞がこの「特定なもの」になる場合、もちろん自分で「ほら、一つの」と言って特定なものとしての扱いにするのであれば、それはそれでよいのですが、それ以外に名詞の前に形容詞が付く場合は、通常はですが、その名詞が「特定なもの」になります。ということです。
　例えば、
People take holiday.
（人々は休暇を取りますよ）
という場合、一般的な人々というのは一般的な休暇、つまり休暇の属性・役割を80％の重きを置いた感じの休暇というものを取るのです、という一般的な説明をしていることになりますから、holiday には a も the も付けないで言

33

えます。もちろん休暇を1日だけ取るという説明をしたい場合は「1日だけのholiday」という「特定のもの」にするわけですから、その場合はa holidayとしてaを付けられます。
People take a holiday.
（人々は休暇を1日取ります）
　この場合はでも、「なぜ、1日（限定の）休暇だよ、とわざわざ1日と限定して言うのだろう？」、「人々はいつも休暇は1日だけしか取らないとでも言うのだろうか？」という疑問を抱かせる、というか反論をしたくなるかもしれませんね。そういう場合はその理由的な説明が文章の中にあれば分かり易くなります。
　例えば、
People take at least a holiday during the summer.
（人々は少なくとも1日は休暇を取りますよ、この夏の間）
ということであれば非常に分かり易くなります。質問が来なくなりますね。「at least（少なくとも）」という具体的な説明を加えましたから、筋が通った話になり納得できます。もちろん「two holidays（2日の休暇）」というのでももちろんありです。その方がよりリラックスできますね。

aとtheのおさらい

　さあ、くどいかもしれませんが、最後にもう一度おさらいをしましょう。
　次の文の「イメージを直感的に」とらえることができますか？　まだでしたら、もう一度上の説明を読み返してほしいと思います。もうすでにイメージの違いが分かる人は、実際自分が話す側になったときには、相手にも同じイメージを抱かせるような文を意識して、それを作って、それで話をしてください。ちょっとのイメージの違いでも感じ方が違うようになり、話の印象が違ってきます。そういうことにより会話が楽しくなりますよね。

A dog can think.
The dog can think.
Two dogs can think.
The two dogs can think.
Three dogs can think.

The three dogs can think.

Dogs can think.
The dogs can think.
Many dogs can think.
　これは Dogs can think. と同じですが、ことさら「たくさんの犬」を強調したいから、それでわざわざ many をつけています。話し手のそういう意図を理解してあげてほしいと思います。
The many dogs can think.
　さらに many dogs に the がつきました。「その」たくさんの犬です。もう分りますよね。
All the dogs can think.
　すべての「それらの犬は」考えることができる、という意味です。
All of the dogs can think.
　「それらの犬」の「すべては」……、つまり「すべて」を主語にしました。それで all the dogs と、イメージ的に違いを感じませんか？　少しですが。つまり、ここでは all を主体的に強く主張したいのです。さらに言うと、
Every one of the dogs can think.
であれば、「それらの犬」の「1匹1匹は」……と、1匹ずつ数えるような感じになり、犬の1匹1匹ごとに意味を持たせて言っているような感じになります。
All dogs can think.
　All dogs はとにかくすべての犬、世界中のすべての犬、この世のすべての犬、のことです。

a と the の使用例①

　さあ、a と the を感じられるようになったでしょうから、次の「感じ」も分かりますよね。

I like cake.
　（私は（一般的に）ケーキが好きです）
　これだと一つ丸ごとのケーキをイメージするのではなく、頭の中で「まっ

たく抽象的なケーキの概念」を想像する感じになります。一つか二つかとかはまったく意識せずに、です。日本人にとってはこれが一番素直に理解できる言い方なのかもしれませんね。
I like a cake.
（私は、ケーキの丸ごと一つが好きです）
　これだと、いわゆるデコレーション・ケーキのような大きなホール・ケーキの丸ごと「一つが」好きなんだ、という意味になります。つまり、丸ごと一つのホール・ケーキが好きだ。一部ではなく丸ごと一つが好きなんだ。でも二つはいらないよ、と言う感じです。
I like the cake.
（私は、そら、それだよ、それ、そのケーキが好きなんです）
「それだよっ」って何だか指差している感じですよね。実はそうなんです。そういう感じの意味なんです。これだと数に関係なく、ケーキの破片であっても「the cake（それだよっ、そのケーキだよっ！）」って言えますね。
I like cakes.
（私は、複数のケーキが好きです）
　ケーキだったらもう幾つでも食べられる、大好きだ、だからたくさんのケーキが好きなんだ、というような「感じ」ですね。それであれば、それで問題ありません。

It is out of question.
　（それは（一般的に言って）疑問点・問題点という性質から外れている）
　つまり普通の日本語で言うと、それは問題外である、という意味ですね。これはよく使う言い方です。
It is out of a question.
　（それはある一つ、一つ（限定）の問題点から外れている）
という感じです。なぜ一つなのかな、と思ってしまいます。であればそれ以外の場合、あるいは複数の問題点があっても、または複数の問題が出てくればOKになってしまうのかな、と思ってしまいます。
It is out of the question.
　（それは、それ、それだよ、その特定の問題点から外れている）
という感じになります。そう言う場合もありますけどね。そうであればこれは全然問題なしです。

It is out of questions.
（それは複数の問題点から外れている）
という感じですね。いろいろな問題点からみんな外れているよ、という感じです。
　特に、
It is out of all questions.
となれば、世界中のすべての問題点から外れているよ、ずれているよ、という感じになります。こんな風にいわれれば、がっかりしてしまいますよね。どの言い方も決して間違いだとかいうことではありません。そのそれぞれが、それぞれの意味・ニュアンスを持っているというだけのことです。そのそれぞれの意味で使うのが適当と思うのであれば、ぜひ自信をもってその言い方で使ってください。それで会話にバリエーションが出てきて面白くなりますよね。ただし、まずは意味・ニュアンスをはっきり理解した上で使ってくださいね。
　ついでの話をしますが、次に、
He was chosen as chairman.
（彼は選ばれました、（一般的な）議長（職）として）
を見ていきます。

　ここに出てきている as というのは、相対する二つのものがある場合、「その一方側のこと」について何か説明する場合に使う言葉です。ここでは例えば議員や議会というものが一方側にあって、それに対してそのもう一方の側に議長という職（性質のもの）がありますよ、というイメージで as chairman と言っています。日本語訳の「議長（職）として」というのはそれはそれでよいのですが、もう少し付け加えると「他のものが別にあるのに対してその一方側での議長（職）として」という感じです。
　例えば、
Tom is as tall as Ken.
（Tom は Ken と同じ背の高さです）
であれば、Tom の背の高さが一方側にあって、そのもう一方の側で Ken の背の高さがある、というイメージを持たせています。これは、
Tom is as tall, as Ken is tall.
の最後の部分を省略した感じの文になっています。

As Tom is tall as Ken is tall.
でも意味はわかりますが、as tall as と並べた方が「高さを比べる」という感じがでますよね。
　さらに同様に、
This is the same as that one.
とかであれば、「これ（This）というのは同じ（the same）ですよ、別の一方側のあのもの（that one）とね」というイメージで述べているものです。

　このasの対比は、文章の頭につけた接続詞として使う場合でも同様です。どんな場合でも、一つの英語はその意味のイメージを一つだけつかめばいいだけなのです。asでももちろん同じです。例えば、
As my wife is not at home today, I have to cook for myself.
（一方において、妻が家にいないんですよ今日は、だから［もう一方では］私が料理しないとならないんですよ）
と、一方側で妻がいないことを説明して、それだからもう一方側の自分の説明として、自分が自分用に料理をしないとならないんだ、と両者を対比させる形で並べた言い方です。

aとtheの使用例②

　話をそれてしまいましたので、本題のaとtheの話に戻しましょう。
　先の例文のHe was chosen as chairman.のchairmanにはaが付いていませんから、「（一方）として選出（choose as）」するのは一人の議長という人間個人というよりは、「一般的・抽象的な議長（職）」です、という感じになります。chairmanだけでなくpresident（大統領）などをchooseする場合でも同じです。

　次にchariman に a をつけてみます。
He was chosen as a chairman.
（彼は選ばれました、数ある中でその内の一人の議長さんとして）
　これだと一般的な議長職というより、「が、たくさんの（すでに議長になっている）議長さんの中から一人だけ」選ばれた、という感じにますね。でも普通、「選出（choose）」する場合は as chairman で「（一般的な）議長（職）」

を選出する、という方が正しい言い方になります。

　一方、He is a chairman.の場合であれば、彼は世の中にたくさんいる議長さんのなかでその内の一人の議長さんですそう言う一人の人間なんです、という感じで、これだと a を付けてよく意味が分かります。

　さらについでですが、
As a chairman, he made an excellent speech before the audience.
であればこれもまた意味が分かります。つまり、「(世界の議長さんが集まっている会議とかで) 数いる議長さんのなかでその内のある一人の議長と言う人間個人として彼は作りましたね素晴らしいスピーチを一つ、その聴衆の前で」、という感じになりますから、そういう状況ではよく分かります。もちろん議長（職）という形のない役割のものとして話をするのでもよいですが、たくさんいる議長さんの中から一人の人間議長として話をするというのも状況がよく分かります。ここでさらについでですが、made a speech は、日本語であれば「演説をした」と訳すのが自然なのでしょうが、英語では「作りました、一つの演説というお話を」というのが正しい感じ方です。この例の場合、聴衆の前で演説というお話を一つ作ってあげた、というイメージです。二つや三つではなく、一つの演説ですけどね、という感じです。

　ところで、speech は「するもの」というより、「作るもの」という感じ方でいいのです、英語では。
He was chosen as the chairman.
（彼は選ばれました、それ、その特定の議長さんとして）

　これだと何か余程有名な議長さんか、または特別職の議長さんという「感じ」になりますね。そういう特別職の議長ということが話の中でお互い分かっているのであれば、それはそれでよいと思います。

　さらについでですが、play という動詞があります。それだけでは単に遊ぶというか身体を動かすという意味ですが、ピアノとか楽器を演奏するという場合の play と、何かスポーツをする場合の play もあります。同じ play でも楽器の場合は「あなたも私も知っているあの」ピアノであり楽器であるから楽器名の前に the をつけます。楽器は誰もが知っている有名なもの、ということです。例えば、
I play the piano.
　（私はピアノを弾きます）

I play the violin.
（私はバイオリンを弾きます）
などなどです。もし、I play a violin. と言ったりすると「私はバイオリンを、ほら一つ、一つ弾きますよ」という感じになり、それだと、普通楽器は一つだけを演奏するものなのに、なぜわざわざ「一つ」と言うのだろう、とちょっと不思議さを感じます。もちろん、曲芸士が一度にバイオリンを二つ弾くというのであれば、He plays two violins. というのはよく意味が分かります。

そしてもしそういう話が前にあった後であれば、I play a violin. というのはまたよく意味が分かります。これは a をつけなくてはいけないとか、the をつけなくては駄目だ、とか単に何も考えずに記憶するのではなく、それぞれのニュアンスを理解し、また話の流れのなかで意味を持つのであれば、どれでもその意味で使えますし、相手にもニュアンスを理解してもらえます、ということを言っています。

ということで楽器を play する場合は普通は the violin のように the をつけて言います。でもそれ以外、例えば buy や get や find などの場合であれば、I buy（または get、find） a violin. と、「一つだけ」バイオリンを買ったり、ゲットしたり、見つけたりする、というのもまたよく意味が分かります。

一方、スポーツの場合は一般的には the を付けず、
I play baseball.（私は野球をします）
I play tennis.（私はテニスをします）
のようにいいます。

スポーツは犬や楽器のように特に形を持つものではなく、いわば水や空気のような存在ですから。「あの」とか「その」とか指差す感じの the を普通は付けられません。もし故意に the をつけて the baseball というと、「あなたも私も知っているあの特定の野球」という感じになり、何か特別有名な野球をプレーするという意味になってしまいます。

それは、Look at the water. や Feel the air. というと、自分の近くの世界において「その水を見なさい」とか「そこの空気を感じてください」といった感じになり、周辺近くの特定の水や空気を指す場合になるのと同じです。ですから、もしそういう特定の野球を意味させるのなら、それはそれでまた理解できます。

ここで普通、baseball に the を付けない、というのは baseball を play の後に置いて、つまり play の目的語として置いて「野球をプレーする」という狭い範囲の意味で使う場合は、ということを今説明しています。baseball には絶対に the を付けてはいけないのだ、ということでは決してありません。
　例えば、The baseball is fun to play. というのであれば、「あの野球というのは楽しいよ、プレーするのが」とよく意味が分かる言い方になります。それは、「あなたも私も知っているあの有名な野球というのはね」と、「主語の形で」一般的に説明する形になるからです。
　つまり、この場合は自分の周りの特定のことを言っているのではなく「一般的に、広い世の中での話」をしていることになりますから、その中であれば、あの誰もが知っている有名な野球はね、と the をつけた方が不思議さは感じなくなります。
　ということで、この場合は play するのではあっても、baseball には the を付けた方が自然になります。

　言葉というか英単語のそれぞれの本質の意味を理解し、そして使いさえすればそれだけでいいのです。それにより自分の言葉というものを自分で、形成できます。相手にもその意味のまま、立派に伝わります。
　「楽器の前には the を付けるんだよ」とか「スポーツの前には a も the も付けないんだよ」などといった説明あるいは特定のケースの例文などをただ単に覚えないようにしてください。説明自体を記憶するのではなく、a や the の意味の本質を理解してください。
　また、巷に出ている a や the を上手に付けた熟語や例文などをそのまま記憶したりしないようにしてください。どうせほとんど記憶できないでしょう。時間の無駄です。それにもし the が付いた例文でも、会話のそのときの状況によっては the よりも a を付けた方が適切になる場合もあり得ます。それは今まで述べてきた説明で明らかだと思います。さらに、例え粋な例文を幾つか記憶したとしても実際の会話のときには何の役にも立ちません。そんな状況には生涯出くわさないのが普通でしょうから。
　それよりも a や the だけでなく他の英単語でも同じですが、そのそれぞれの本質の意味を、そしてそれは原則一つだけで済むのですが、その一つだけを自分で理解し、それら一つずつを意味ある通りに並べさえすれば、それこそが立派な言葉になるのです。自分の言葉です。もし他人の粋な言い回しを

覚えていきなり使ったりすると、英語の達人のように思われてしまいます。まずは片言でいいですから、自分の言葉でゆっくり話してください。実力どおりのペースで、自分の考えを自分の言葉で話すのが一番です。

　また話を戻します。
　もう一つ、the を付けるか付けないかでかなり意味合いの違うものがあります。例えば、
Do you have the time?
は、the time と言っていますから、あなたも私も知っている時間を持っていますか？　つまり、前置きなしにいきなり the time と言われると「今の時間」を想像してしまいます。というか、英語の世界ではそれが常識になっている、ということだけなのですが。つまり Do you have the time? は、「今何時ですか？」の意味になります。
　一方 the を付けないでいうと、
Do you have time?
は、「(一般的・抽象的な)時間を持っていますか？」、つまり日本語で普通に意味する感じの「時間ありますか？」、つまり、「今時間ありますか？　今お暇ですか？」という感じで、お誘いをしている感じにもなります。そのときのシチュエーション次第ですが。
Do you have a minute?
(ちょっと今時間ありますか？)
というのと同じ感じの意味になります。ただしこの minute の場合は、a minute (ちょっと1分、つまりちょっと1分の時間) という感じで a を付けます。「minute (分)」は「time (時間)」よりもさらに具体的なものですから、それに a を付けないで「一般的な分」といわれるとかえってそれが何なのか、考え込んでしまいますよね。だから a を付けた方が意味が分かります。そういう意味で付け加えますと、time にも a が付けられます。もし
Do you have a time?
とすると「ちょっとひととき、時間ありますか？」という感じになりますね。一般的な時間というよりさらに短いちょっとの時間でいいからありますか、と聞いている感じになります。

　どうでしょうか。a や the については、そしてそれ以外の英語の単語すべ

てについても実は同じなのですが、それらの単純な意味を直感的に理解し、それから受ける印象を基本に使ってもらえばよいのです。特に文法とか規則などを気にせずにです。逆にaやtheを付けるか付けないかで話の意味や印象が変わってきてしまいます。つまりそれだけaやtheには意味があります。aやtheを無視しないで聞き取ってください、また意識して使ってください。

第3章　勘違いされがちな「前置詞」

さあ、次は前置詞を理解しましょう。

◆「前置詞＋名詞」で「動詞＋目的語」の意味を持つ

前置詞は、その後ろに名詞を置いて、一緒になって意味を持たせます。ただし、前置詞は前置詞そのもので意味を持っています。
a も the もそれ一つではっきりと意味を持っているように、です。

前置詞と名詞を組み合わせると、「動詞＋目的語」のように意味を表せます。

例えば、to school というだけで、「(特定の「ある一つの」や「その」ではなく一般的な) 学校（というところ）に向かって行く」というイメージを感じさせます。by 9 O'clock であれば「9時の手前で何かする」イメージを感じさせます。
その他、between you and me であれば「あなたと私の秘密の話ですよ」といったイメージで捉えられます。それ以外にもすべて前置詞だけで充分意味を成します。
つまり、動詞がなくても前置詞だけでかなり意味を表せるのです。前置詞自体だけでもそれだけ意味を持っているということです。

さらに動詞と一緒になれば、もっといろいろな意味の熟語を形成します。それら熟語では、特に辞書の中では、元々の前置詞や動詞の意味からは想像もつかないような意味に発展して説明しているものもたくさんあります。特に日本語訳では元々の単語の意味さえも想像させないほど変わって訳されているものがたくさんあります。それも英語を学習する足かせになっていることはすでに話しました。

また、辞書には一つの前置詞についても、その意味がたくさん出ているものもあります。例えば for などです。

　でも、ここで言いたいのは、
「それら日本語訳をすべて暗記しようとするのは間違いである」
ということです。
　まずは前置詞のその個々の意味を「イメージで直感的に感じ取って」ほしいのです。
　一つの前置詞の意味については一つだけの「イメージを感じ取れば」よいだけです。だから簡単なのです。
　そして一度「イメージで直感的に」意味を感じ取れるようになれば、その後もし日本語に翻訳することが必要になった場合は、それこそ自分の「身体で感じ取った」ままその意味を、自分の好きな日本語を使って好きなように表現すればよい、というだけのことになります。
　そのとき結果として、辞書に出ている日本語訳のなかで最も適切なものを使って訳しているはずです。この順番が大事です。
　最初から辞書の訳を覚えたり使ったりするのではなく、まずは英語の意味を「感覚的に感じ取って」、その後必要になった場合にのみ初めて辞書を引く、というのが正しい順番です。

　前置詞はいわゆる熟語を形成できます。ですが前にも話しましたように、熟語を熟語として日本語訳で記憶するのは、単に時間の無駄というだけでなく、会話のスピードについていけなくなる結果に陥ります。
　その結果として、英語での会話が苦痛になり、自分の心が引けてしまうことになります。落ち込みますよね。

　そんな風に落ち込まないですむ方法は、熟語はもう忘れてしまって、前置詞一つ一つの意味を充分に理解することです。
　充分に理解するということは、辞書に出ている個々の前置詞の意味の日本語をすべて暗記するということではありません。
　例えば、for という前置詞のように、辞書にある 10 も 20 もの日本語の意味をこの一つの前置詞についてとても覚えられませんよね。そんなことをするから英語が嫌いになります。

"for"という前置詞は英語ではforだけです。つまり一つのforなのですから、その一つのforの意味を理解すればよいだけです。forを「イメージで直感的に」感じ取ればそれができます。本当は簡単なのです。簡単なものをあまりにも英語の学問として難しく習うから、英語が分からなくなり、嫌いになってしまいます。ですよね！

　この章では、まず前置詞を一つずつ挙げていきます。
　出てきた前置詞のそのそれぞれの意味を、辞書に出ている日本語訳で覚えるのではなく、「イメージで直感的に感じ取って」もらうことを意図しています。そのため、それぞれの前置詞の意味をイラストによって「イメージで直感的に」感じ取れるようにしています。そうすれば、辞書にある10個も20個もの日本語訳を記憶する必要もなくなり、英語が非常に簡単だということも実感できると思います。

　また、前置詞それぞれの意味を「イメージで、直感的に身体で感じ」取れれば、いわゆる熟語もマスターできたことになります。
　結果として英語力が何倍にも上達したように感じるはずです。否、ただ感じるだけでなく、実際に上達します。当然英作文も意味的に間違わずに書けるようになります。

　会話する場合でも同じです。なぜ英語を話せないのか？　それは英語の文章が作成できないからです。
　では、なぜできないのでしょう？　それは、英語のそれぞれの単語の「本当の意味を直感的に身体で感じて」理解していないから、だから言葉が作り出せないのです。

　さあ、まずは個々の前置詞を順番にイラストで見て、その意味を感じ取りましょう。
　それぞれの前置詞のイラストと共に、その説明も簡単にしておきます。**ただここではそれらの完全な日本語訳は付けません。「イメージで直感的に」つかめるようにするための説明だと理解してください。**

　その状況こそが前置詞の意味であり、それを日本語に訳さずに「身体で感

じ取って」ほしいと思います。それこそが大切なことです。
　今後、前置詞の入った英文を訳すときは、自分の身体で感じ取った意味を、自分の好きな日本語を使って表現すればよいだけです。
　必ずしも辞書に出ている日本語が正しいとは限りません。実は辞書にはかなりの誤りも見受けられます。特に前置詞を使った熟語の訳に間違いが見受けられます。ここではそれをすべて挙げませんが、この章をマスターした後、自分で辞書を見れば、その間違いに気が付くと思います。

　また、その訳はできるだけ英語の単語の現れてくる順番に訳します。できるだけ英語が話すのと同じ順番、同じ感覚、同じ頭で状況を感じてもらいたいからです。

　英語を理解する際、英語が現れてくる順番に頭から理解していくことは非常に大事なことです。英語の語順は日本語の語順とほとんど逆になっています。その点もまた日本人が英語を理解する大いなる妨げになっています。できるだけ**英語を頭から理解していく訓練をしてほしい**と思います。
　それに慣れるため、この本ではできるだけ日本語訳についても英語の語順に従って頭から訳すようにしています。初めは多少理解しにくいかも知れませんが、できるだけ英語の語順通り理解することに慣れてほしいと思います。

　まずはイラストを見て、きれいな日本語訳をしようとするのではなく、個々の単語、ここでは特に前置詞の真の意味を「直感的に身体で感じて」みてください。例文や熟語の意味も同様に「直感的に身体で感じ取る」ようにしてみてください。何とかイラストと例文とその説明だけで、意味を「感じ取る」ように練習してください。
　では、**Good luck!**

◆at……ある場所、一点

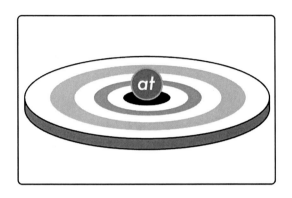

①He sits **at** the desk.
（彼はいつもの机のところに座る）
——机はatの位置にありますよ。

②She is looking **at** the dog.
（彼女は見ているのですが、その見ている先は、あの犬の一点［at］です）

③My husband is not **at** home.
（自分の夫が家の場所にいない）
——最近、日本語でもアットホームと言いますが、意味は家の場所のことです。

④I will be reached **at** 224-7650.
（自分は届くとこにいるでしょうよ、224-7650のとこにね）
——つまり224-7650に電話してくれれば、そこに自分はいると思いますよ、と電話番号を教えています。

◆by……大きなものの脇にちょこんといる

①A boy is being <u>accompanied</u> **by** his mother.
（一人の男の子が<u>付き添われて</u>進行中ですよ、母親の脇でね）
——これを男の子と母親を置き換えて言ってみたら、親子逆転、ちょっとおかしくなりますね。それだと大きな母親が、小さな男の子の脇でちょこんと付き添われている、という感じになってしまいますから。

②"Bocchan" was written **by** Soseki Natsume.
（『坊ちゃん』は書かれたんですよ、脇でね、夏目漱石の脇でですよ）
——byを単に受身の「によって」と何も考えずに訳していると、byの本当の意味を見失ってしまいます。ただし、「によって」というのは「に寄って」ということでもありますから、そうであればこれは正しい訳なのではあります。

③This chair is okay **by** me.

（この椅子はOKですよ、脇ではね、私のね）
——This chair is okay with me.と言う人もいます。withの感じはwithの説明を参照してください。

④**By** the way, … （＝［Come］ **by** the way, …）
——wayは道ですよね。道というのは物理的な道路の場合もあるし、人生の進むべき道といったような方向だけをもった仮想的な道もあります。それは日本語でも英語でも同じです。By the wayのwayは会話の途中での道、つまり話の筋道のことになります。そしてtheがついたthe wayは「あなたも私も知っている話の筋道」ということになりますね。

つまり「その話の筋道からちょっと脇に外れてください」というイメージになります。「ところでね……」ということです。

でも辞書で単に「ところで」と訳されると、訳が上手すぎてこういった本当の英語の意味が分かりませんよね。まずは英語の本当の意味を知ることが先決です。

⑤Let's do it **by** 9:00 pm.
（やってしまおうよ、それ、午後9時の傍までに）

⑥Stand **by**.
（すぐ傍の脇に立ってろ！）
——軍隊では「待機しろ」という意味にもなります。でも、訳が上手すぎて本当の意味を見失いますね。本当の意味は単に、「脇に立ってなさい」というだけの意味なのです。Standの意味は「立つ」という基本的な理解でいいんです。

ところで、このときのbyは、後ろに名詞が来てないので前置詞ではありません。文法でいうと副詞ですね。いずれにしろbyの「感じ方」は前置詞でも副詞でも同じです。実際はその言葉を「身体で感じればよい」だけなのですから、前置詞か副詞かなんていう文法は現実の世界では関係ないですよね。

⑦She commutes **by** train.
（彼女は通勤している、［一般的な］電車でね）

——by train は、大きな電車のその脇にちょこんといながら連れて行ってもらう、というイメージです。by car、by plane、by mail なども同じイメージです。

　これは昔、乗り物は馬車でした。そのため馬の横で馬に連れて行ってもらうということで、by horse でした。その後、馬が自動車（car）になり、電車（train）になり、飛行機（airplane）にもなってきました。

　ここで、by car などと言う場合には、普通 a をつけずに言います。「一般的・抽象的な car」をイメージさせているだけだからです。特に「ある一つの」という物理的に一つの自動車を想像させないでよいからです。

　しかし、例えば家族で旅行に出かけるような場合に誰かが「今日は車1台で行くの、それとも2台？」と質問したとしますと、そのときの答えであれば、例えば We will go by a car. または We will go by two cars. と言うのは問題なくよく意味が通じます。

　「車で行く」というのを必ず go by car とだけ記憶するのではなく、そのときの状況次第で、意味をよく理解した上で使い分けてほしいと思います。それが言葉というものです。

by の扱いには注意が必要

　これまでで説明しましたが、by を単に受身形の訳で使う「によって」とだけで覚えていると、とんでもない間違いの元になります。例えば、
He was killed by the car accident.
の場合、「彼はその自動車事故（によって）殺された」などと訳すのが普通で、それで良さそうに思えますが、実は英語の本当の意味は全然違うのです。

　この by は「によって」ではあるのですが、「に寄って」つまり「近寄って」という感じが正しい感じ方です。「近寄って」でなければ「すぐ脇で」「すぐ傍で」でも同じ感じですので、それでも構いません。

　つまり上の文章の本当の意味は、
（彼は、その自動車事故に**近寄って（すぐ脇で）**殺された）
という感じなのです。事故そのもので殺されたというより、二次的に何らかの原因で死んでしまった、という感じになりますよね。

　受身形でなくても、例えば「彼はガンによって死にました」というのを、

51

He died by cancer.
と英訳しがちかもしれませんが、これも英語での本当の意味は、
（彼は、ガンの脇で死にました）
というニュアンスになってしまいます。「ガンで死んだ」というのは「ガンのことで死んだ」、つまり、「のことで」という「説明」をつけるのが正しい言い方になります。この「のこと」という説明する前置詞はofまたはaboutになります。詳しくは、ofの説明ページを参照してください。

　ですから、正しい英語の文章は、
He died of cancer.
になります。

　さらについに、このときのcancerは、一般的・抽象的なcancer病気ですから、普通aをつけません。ただ特別に「ある一つの」cancerだけで死んだということを強調したいのであれば、aをつけてももちろん構いません。
　もしthe cancerとすれば、「ほら、それだよ、そのcancerで死んだんだよ！」という感じになります。それぞれの意味を理解して、そのときの状況を一番よく表す言い方をすれば、それでよいわけです。

第3章　勘違いされがちな「前置詞」

◆to……ツーっと指差す方向に行き到達する

　toの先が目的地であれば、その場所に必ず到着するようなイメージになります。指差したような感じになりますので、人に対してtoを使うと、少しきつい感じになります。
　例えば、to youとすると、youを指差している感じで、少しきついというか失礼な感じになります。もちろんそういう使い方も多々ありますが。一方、自分に対してto meと指差すのは、まったく問題ありません。

①He will have to go **to** New York.
（彼はどうしてもニューヨークに辿りつかねばならないのです）
——ツーっとニューヨークに向かい到達するイメージです。toですから必ずNew Yorkに着きます。

②It is fine **to** me.
（それでいいよ、自分には）
——自分で自分を指差しながら言っているイメージです。

③The game continued **to** midnight.
（その試合は続きました、to［ツーっと］真夜中まで）

④Your sister is <u>often</u> <u>compared</u> **to** you.
（君の妹はね、<u>しょっちゅう</u>、<u>比べられている</u>んだぞ、［you に指差して］you とね）
──というイメージです。辞書の訳はこういう正しい感じで訳されているでしょうかね？　気になります）

⑤2 **to** 1
（2対1）
──2があって、そして指差した先に1がある、というイメージです。

⑥I am <u>scared</u> **to** death.
（私は、であるよ、<u>今怖くなっちゃってる</u>よ、それでまっしぐらに向かっているよ、死に）
──怖いですね。つまり私は怖くなっちゃってる状態で、死に向かっている、つまり噛み砕いていうと「私は怖くて死にそうだ」という意味になります。
　I am scared というのは、怖がらせられているという「現在の状態」を言っています。だから本当は、受け身で訳すのは間違いです。怖いよ〜という「状態の意味」です。そういう風にさせられている今現在の状態をいう場合です。
　時制および現在形については、詳しくは下巻の第1章を参照してください。ここではついでに、似たようなものとして幾つか例を挙げておきます。
I am surprised.
（今驚いている状態だよ）
I am pleased.
（今嬉しい状態ですよ）
I am interested.
（今興味を持っている状態ですよ）
She is gone.
（彼女は行かれている＝行ってしまって今はいない状態です）

という意味です。さらに、
Are you done?　Yes, I am done.／I am finished.
（もう終わってますか？　はい、終わってますよ）
という意味です。

ついでに理解したい「to＋動詞」

　ここでtoに関して、ついでのお話をしておきたいと思います。
　toという前置詞に加え、一方で、「to＋動詞」というのがあります。文法でいうところのいわゆる不定詞というものです。この不定詞の使い方は名詞的用法以外に、形容詞的、副詞的、間接詞的用法があります。そしてそれぞれ日本語で「のこと」だとか、「するための」、「するために」などという意味ですよ、と辞書や文法書に説明が書かれています。

　でも、そういう形で覚えていて実際に役に立つでしょうか？
　会話の相手が話をするとき、いちいち「これは副詞的用法だよ」などと教えてくれるでしょうか。もちろんそんなことはありません。それに他の場合も皆そうですが、それほど多種の形式を覚えるのは大変です。

　ここで、「to＋動詞」を一つだけで説明してみます。

　英語では、ある結論的な動作や物事をまず先に話します。そして必ずその後ろからその説明を加える形を取ります。実は前置詞もそういう形の説明になっています。例えば、"I go"という動作があったとき、その行先を説明するのに、前置詞を使って、"to school"などと行き先の説明をするわけです。
　同様に、ある動作や物事があって、それを後ろから説明するのに、別のある動作によって説明する。その場合に「to＋動詞」を使います。このtoもto schoolなどと同じような感じでイメージすると理解できます。つまり後ろから説明を加えるわけですから、「**それは、ツーっと指差す先の動作をすること（に向かうの）ですよ**」というイメージになります。
　この一つだけの感じ方で「**to＋動詞**」はすべて理解できる、ということをここで「ついでに」述べておきたいと思います。文法ではこの一つの「to＋動詞」の形を、何種類かに分類しただけのことです。分類したければそうし

てもらって結構ですが、でも英語という言葉を会話するときには分類はまったく不要です。「一つのイメージだけで感じる」ことしかありません。

　以下の例文では、to を→で置き換えた文章も一緒に挙げておきます。
　to をイメージで感じ取ってほしいからです。
To see is **to** believe.
　(→see is →believe)
　([ツーっとこれから先を見ること]は、[ツーっとこれから先を信じることです])
　(見ることは信じることです)

What she does is **to** bake a cake.
　(What she does is →**bake** a cake.)
　(何を、彼女がするかは、[これからツーっと]焼くことです、ケーキ丸ごと一つを)
　(彼女がすることは、ケーキを焼くことです)

There are lots of things **to** do.
　(There are lots of things →**do**.)
　(あります、たくさんのことが、[それはこれからツーっと]することなんです)
　(することがたくさんあります)

He is always the first one **to** come.
　(He is always the first one →**come**.)
　(彼はですね、いつも最初の一人です、[それはツーっと]来ることです)
　(彼はいつもあの最初に来る人です)

He stopped **to** smoke.
　(He stopped →**smoke**.)
　(彼は動作を止めました、[ツーっと]煙草を吸うことに向かいました)
　(彼は煙草を吸うために動作を止めた)
※stop は動作すべてを止めるという意味で、歩くのを止めるという意味では

ありません。

I am pleased to see you.
 (I am pleased →**see** you.)
 (私は嬉しいです、[ツーっと] これから会うのがです、あなたに)
 (私はあなたに会えて嬉しいです)

I want to go.　(I want →**go**.)
 (私は欲しい、[それはこれからツーっと] 行くことです)
 (私は行きたい)

◆for……先広がりを持った感じで方向を指す

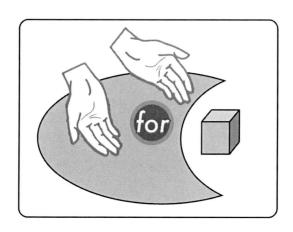

　toと同じ方向を示すのですが、forは先が広がっているイメージですので、toのように指差しのイメージはありません。だからforの方が優しいイメージです。
　for youという場合、プレゼントなどを「ほうら、あなたに」という感じで差し出すイメージです。図を参考に見てください。
　ただ、プレゼントなど嬉しいものを差し出すのであれば、to youとはっきりyouを指差しても、相手は嫌な気持ちはしないでしょうね。だからto you

でも間違いではありません。でも、逆に嫌なものを差し出す場合、例えば質問とかであれば、question for you と言ってあげた方が優しいイメージになり、角が立たないことでしょう。

　for は先広がりの方向を指しますから、その先が目的地とかであった場合、必ずそこに到着しないかも知れません、という感じです。日本語でいう「方面」といった感じの意味になります。
　目的地方面に行くのは行くのですが、目的地の隣町に辿り着くかも知れません。for であれば、それでも文句は言えません。なにしろ「方面 ＝ for めん」なんですからね。

①This airplane is <u>bound</u> **for** New York.
　（この飛行機は<u>拘束されて</u>いる、ニューヨークに向かって）
　──for であればニューヨーク方面に向かうだけ。近くのフィラデルフィアで降ろされても、for と言っているんだったら文句は言えませんね。

②I have a <u>question</u> **for** you.
　──for の方が to より優しく感じます。to you でもいいですけどね。
　ただ to だと指差す感じでちょっときつい。嫌な<u>質問</u>は優しく「フォーら (for ら)、you にですよ」、って示した方がいいですね）

③I <u>was looking</u> **for** you.
　（<u>見ていた</u>んだよ、フォーら、you を、その先の範囲内にいるかどうか）
　──つまり、you を捜していたんですね。

④I will do it **for** you.
　──素敵な人があなたに向かって「そんなこと私がやりますよ」って言った後、優しく両手であなたの方を指して「for you」って言ったら、あなたはどういう風に感じますか？　「あなたに向かって」ですか、「あなたに対して」ですか、「あなたに代わって」ですか、「あなたのために」ですか……？　感じた通りの日本語を使って訳してください。辞書に出ている意味の何番目とか気にせずにです。

⑤I am sorry **for** this.
（私、申し訳ない気持ちでいます、これに向かって）

　sorryは「ごめんなさい」という意味ではありません。「申し訳なく悲しい気分」という意味です。謝っている場合はその気分の一つです。お葬式などに行った場合でも使いますが、そのときは謝っているわけではなく、申し訳ない悲しい気分という感じで使いますね。

　そういう気分になるその向きは、幅広くforを使った方が無難です。toを使ったりするとそれが指差すそのもの、小さな範囲だけにしか申し訳なく悲しい気分にならない、という感じになってしまいます。謝る場合も広い範囲を一度に謝ってしまった方が角が立ちませんよね。

◆against……ドシーン！とぶつかる

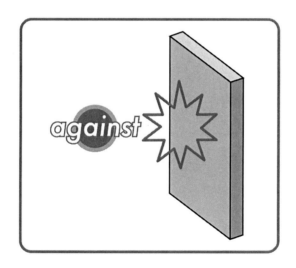

①The soldiers will fight **against** the enemy.
（その兵隊さんたちが戦うでしょう、激しくぶつかって、あの敵と）

②I hit my head **against** the wall.
（私はぶつけた、頭を、ドシーンとその壁に）

③2 **against** 1
（2をドシーンと1にぶつける）
——2 to 1よりちょっと激しい言い方ですね。

◆on……のっている、くっついている

①This information is **on** science.
（この情報はであるね、張り付いているよ科学にね）
——この情報は科学と張り付いている、つまり、この情報は科学についての情報である、ということになりますね。

②The train arrived **on** time.
（その列車が到着しました。ピッタリと［一般的な予定］時間にくっついて）
——つまり、（予定）時間ピッタリに到着した、ということです。

③The picture was hung **on** the wall.
（その絵が掛けられました。張り付いたとこはあの壁でした）

④He is **on** a journey.（彼は、ピタッと張り付いているね―旅行に）
──ちょっと一つ旅行中ですね。

⑤She is **on** vacation.
（彼女は、ピタッと張り付いているね、［一般的な意味の］長期休暇にね）

⑥Go **on**. Move **on**. Carry **on**.
（くっついてどんどん行け！　動け！　運んでいけ！）
──つまりそのままどんどん続けてください、というときに使います。皆同じ意味ですが、それぞれの動詞のイメージは少しずつ違いを感じますよね。

⑦I am **on** the way.
（私はその道の上にいます）
──というのがこの英語のイメージです。日本語訳では「途中で」とかになっていますが、本当のイメージは「途中で」ではありませんね。

　on the way to schoolであれば、「ツーっと学校に向かうその道の上にいる」というイメージになりますから、「学校に行く途中である」という意味になります。

　また、英語には「て、に、を、は」はありません。ですから「途中で」なのか「途中に」なのかとかを気にする必要もありません。それを気にするのは日本語です。英語では例えばon the wayであれば、「その道」の上に乗っかっているというイメージを感じてほしいと思います。

　もうすでに行先が分っている「その道」の上にいる、というイメージです。on the wayの他にon my wayと言う場合もありますね。「その道」でも「私の道」でも、いずれにしろ「もうすでに行先が分かっている道の上に今いますよ」、というイメージになります。

⑧Get（yourself）**on** the train.
（［自分自身を］確保して、張り付きなさいその電車に）
──普通張り付く場所は常識的には電車の床の上になりますね。

61

◆onto……その上にくっついてずうっと向かって行く

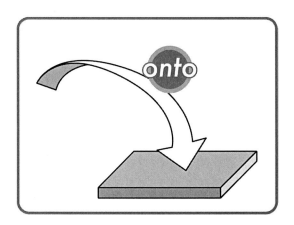

①The airplane landed safely **onto** the ground.
（その飛行機が着陸しました、安全に、張り付くようにずうっと地面に向かって）

②He shot a nice ball **onto** the green.
（彼は打ちました、ナイス・ボールを、グリーンの上に向かって）
――ゴルフ場で彼がナイス・ショットをして、ボールをグリーン上に乗せた、という状況です。

◆off……ある場所から離れる

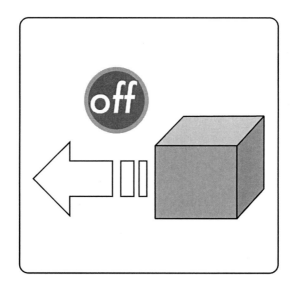

①The airplane is now taking **off**.
（＝ The airplane is now taking itself off the ground）．
（あの飛行機が自分自身をつかんで持ってテイクするところだよ、そしてoffするよ地面から。
――つまり、離陸するということです。takeについては動詞の章で説明します。

②Back **off**.
（＝ Get yourself back off this place.）
（［お前をゲットして］backしろ、offしろ［この場所から］！）
――これはbackやoffをまるで動詞のように使っている例です。
　前置詞や副詞そのものだけでも意味を持っていますから、それだけでも充分意味が通じるわけです。

③I will take a day **off**.

(＝I will take a day off the work.)
(取っテイクよ1日、離れるよ［いつもの仕事をね］)
——この場合まず、I will take a day と言ってから、その後でそれがどういう1日かを説明するということで、off（the work）を後から付けた感じで説明しています。だから英語で話すときも、I will take a day, off（the work）．のように day の後ろにカンマをつけた感じで、一瞬、間を置いた感じでいうのが普通です。

　英語では、説明は後ろにいつも付けます。ここで復習ですが、the work を後ろにつければ「そのいつもの仕事」という感じになりますし、off work であれば特定の仕事ということではなく一般的・抽象的な意味で単に仕事を意味する感じになります。

　ただここでは I will take……と、「自分が」と言っているのですから、自分の仕事、the work の方が自然ですね。もし一般的に「人々は……」という話をしているのであれば、一般的な仕事といった方がまた自然な感じになります。つまり People often take a day off work.「人々はときには（一般的に）仕事を離れて1日休みます」という感じです。

　もし、一般的な話をしているのに the work というと、「え、どの仕事？　なぜ、いきなり「その仕事」っていうのが出てくるの？　今までそんな話してないでしょ!?」という感じになりますよね。

④The price is now 20% **off**　(the standard price).
　(その価格は今、［あの標準価格より］20% off してるよ)

◆over……上方をざぁーっと越えていく

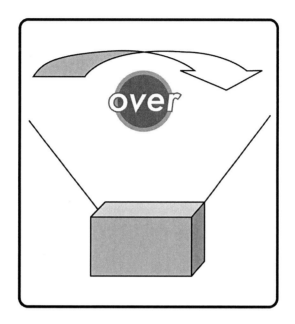

①The meeting is **over** (the scheduled time period).
　(いつもの会議が［あの予定時間の期間を］オーバーしてしまっているよ)
——つまり終わっているよ。

②The student needed to go **over** the textbook again and again.
　(その学生は必要でした、乗り越えていくことがあの教科書の上を、何度も何度も)
——教科書を何度も勉強する必要があった、ということですね。

③I will soon come **over**. I will soon be **over**.
　(ざぁーっと乗り越えてすぐにやって来るからね！)

④The homework was turned **over** to the teacher.

（その宿題がUターンされたぞ、ずうっと［何でもかんでも間を］乗り越えて、ツーっとその先生にね）
――提出した、ということ。これも上手い表現だね。

⑤Let's have a chat **over** a cup of coffee.
（持ちましょう、一つ雑談を、ざぁーっと越えて、一杯のコーヒーの上を）
――コーヒーでも一杯飲みながらお話ししましょう、という意味ですが、でもイメージ的には、一杯のコーヒーの上でペチャクチャつばきを飛び交わしながらしゃべくるという感じです。
　overの感じがイメージできますよね。これもとても粋な上手い表現です。

⑥I will stop **over** in Hawaii for a few days.
――stopだと止まっているわけなのですが、ハワイの中でざぁーっと乗り越える感じで数日間止まっているというイメージです。
　乗り越えたらまた出発して行きます。だから「途中下車する」ような意味にもなりますね。

⑦Our technologies have advantages **over** others.
（我々の技術は利点を持ってるよ、ざぁーッと越えてね、他のものを）

◆under……下方を潜り抜けていく

①The ship passed **under** the bridge.
（その船が通った、下方をね、あの橋のだよ）

②The boy moved **under** the desk when there was an earthquake.
（その少年は移動した、その机の下の方に、いつかって？　あったときさ、一つ地震がね）

◆underneath……すぐ下に隠れている

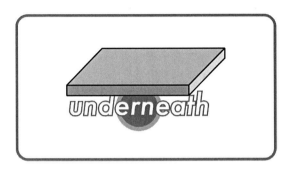

①The subway station is **underneath** that building.
（その地下鉄の駅は、すぐ下に隠れている、あのビルのね）
──地下鉄の駅は地上からはいつも地下に隠された感じになっています。当たり前ですが。

②His face is lying **underneath** a mask of friendliness.
（彼の顔は横たわっている、すぐ下に隠れて、一つの仮面のね、愛想よさという）

◆with……一緒に対等に腕や手を組む

①Your sister is often compared **with** you.
（君の妹は、しょっちゅう、比べられてるよ、you と一緒にだよ）
――with だと一緒に並んで比較するようなイメージです。compare to だと指差しているものとの比較というイメージになります。感じが違うのが分かりますか？

②Help me **with** this work.
（手伝ってくれ私を、すぐ近くにいるだろ、この仕事と）
――まず Help me と言って、me がどういう状態かを言うために with this work、つまりこの仕事があって手が離せない me だよ、という言い方です。

　従って話すときも、Help me で一度瞬間区切って、それから with this work と説明を後から加えた感じで話すのが普通です。me の説明を後ろに付け加えています。

③This chair is okay **with** me.
（この椅子はOKですよ、すぐ近くにいるときはね、私とね）
——okay by meと違いを感じることができますか？　chairとmeの関係をイメージできますか？

④I have nothing to do **with** you.
（私は何にも持ってない、ツーっと向かってすること、一緒にあなたとは）
——「あなたのすぐ近くですることは何もない」という言い方をしています。これが素直な英語の意味です。これを「私はあなたに関係ない」と訳すと、確かに意味的には間違いではないのですが、ただそれではちょっと飛躍し過ぎの場合もあり得ます。

　例えばこれが夫婦間の会話だとすると、一緒にすることは何もないと言っているのですから、確かに冷え切った関係にはなっているのですが、それでもまだ夫婦の「関係」は保ったままなわけです。「関係ない」という直接的な言い方は実際していないのです。言葉が表す意味を忠実に理解した方がよいですよね。前章で説明しましたが、I have nothing to do by you.というのであれば、これもある意味では「私はあなたに関係ない」という感じではあるのですが、実際の意味は「私はあなたの傍にいて何もすることがない」と言っているのです。withとbyの違いだけですが、若干ニュアンスが異なります。

　いずれにしろwithとbyを正しく感じられれば、どちらでも意味を正しく感じ取れますよね。

⑤It is no problem **with** me.
（それは何の問題ないですよ、すぐ近くにいるとき、私と）
——It is no problem to me.でもイメージとしてよく分りますよね。
　to meはツーっと自分に向かうイメージです。また、no problem by meでも感じは分かりますよね。

⑥She is accompanied **with** her boyfriend.
（彼女はすぐ近くにいます、自分のボーイフレンドと一緒に）
——話の本筋から逸れますが（by the way）、companyは会社、つまり誰か

グループで一緒にいるもの、という意味です。
　accompanyは、companyの前にa（実際はac）がついて、動詞の形になったものです。accompanied byであれば、すぐ脇に付き添われているような、いわば少し弱々しいイメージになりますが、accompanied withであれば一緒に「対等に」並んでいるようなイメージになります。

⑦He fought **with** the enemy.
（彼は戦いました、敵のすぐ近くで）
——withは決して「仲良く一緒ではありません」。すぐ近く、つまりbyよりちょっと離れたとこにいる感じで使います。

◆without……一緒でない、なしで済ます

①I am okay **without** you.
（私は大丈夫よ、あんたなんかいなくたって！）

②I am sure **without** looking at it.
（私は確かですよ、なしですまして、見ることですよ、それをですよ！）

③I want coffee with sugar, but **without** milk.
（コーヒーが欲しいな、砂糖ありで、だけどミルクなしで）

◆within……一緒に中に閉じこもる

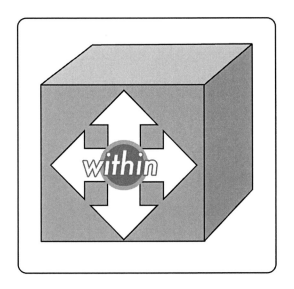

①Give it to me **within** 2 seconds.
（よこしなさい、それ、私に、2秒以内に！）

②The solution is almost **within** your reach.
（その解答はね、ほとんど、範囲内にあるね、あなたの手の届く）

③This work must be done **within** the predefined scope.
（この仕事は為されないとならない、あらかじめ決められたスコープ［範囲］の中でね）

◆of / about……ofは「のもの、のこと」、aboutは「周辺近くについていろいろ」と共に後ろに説明を付ける。2つは実は似ている

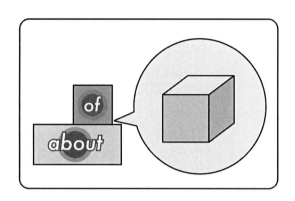

　ofを所有の「……の」という意味だけだと思っている人は、ofの本当の意味が理解できていません。「……の」だと下の例文のIt is kind of you.を訳せなくなります。kindという形容詞を所有することになりますからね。
　「それは、あなたの親切な、です」ですか？　そんなおかしな訳はできませんよね。
　ofは、**「ある大きなものの一部分として、取り外しできない存在になっている」**イメージを表します。一方、onはある大きなものに「張り付いて」いる感じで使います。ですからonの場合はすぐに取り外せる（offできる）イメージになります。両者を比べてイメージの違いを感じてほしいと思います。
　従って、kind of you は、「kind親切という状況があなたのof（もう取れない一部になっていますよ）」というのが正直な意味です。of you はあなたの一部分になっているその部分を示す意味です。

　aboutは「周辺をうろうろする感じ」、つまり「あっちこっち全部」というイメージで、「詳しく」というイメージにもなります。

また一方で、「周辺をうろうろする」から「約」とか「およそ」という感じにもなりますし、さらにアバウトな人という感じで、「いい加減な」というニュアンスも感じさせますね。

①It is the government **of** the people.
（それは政府です、国民[の一部になっていますよ]）
——It is the government **about** the people.「政府ですよ、周辺近くについていろいろの、国民についてですよ」。

②I will think **of** you.
（考えますね、あなたの一部のこと）
——think of you を、「あなた"の"考える」などと think を所有する「の」としては決して訳しません。

③I will think **about** you.
（考えますね、周辺近くについていろいろ、あなたについてですよ）
——もっと詳しくあなたのことについて考えます、という感じになります。

④It is kind **of** you.
（それはご親切に、あなたの一部のことですよ）
——It is kind つまり「それはご親切ですね」と言ってから、「それは誰のこと？」という感じで、of you、つまり「あなたの一部のこと」っていう説明を付け加えています。
　話し方も It is kind で一瞬区切りを入れるイメージで、その後すぐに of you とつなぐ形で言います。「あなたのこと」という説明をするわけです。

⑤He spoke **about** all the details.
（彼は話しましたね、すべてのあの詳細の周辺近くについていろいろ）
——all なのだから、of より about を使った方が筋は通りますよね。

⑥Sorry **about** that.
（ごめんなさい、周辺近くについていろいろ）
——普通に Sorry という場合は、謝り先は for を使って Sorry for that. のよう

に「ごめんね、それのこと」のように言います。

　謝り先をforという先広がりの優しさを持った方向でやんわり示すわけです。aboutの場合は「ごめんね、その辺のいろいろのことについて」という感じです。

⑦It is **of** importance.
（それは、重要な一部のことです）
——ofを所有の「……の」だけで意味を取ったり訳したりしていると、理解不能の文章になりますね。

◆from……〜からやって来る

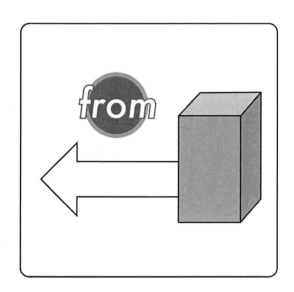

　先に向かっていく場合は、toやforがありますが、ある所を離れてやって来る場合はfrom一つですみます。

①He came back **from** New York.
（彼、戻って来たよ、ニューヨークから）

②This present is **from** my sweetheart.
（このプレゼントはですね、私の恋人から）

③The time machine came **from** the future.
（あのタイムマシーンがやって来た、将来から）
——時間的な「から」もあります。

④All answers were given **from** the teacher.
（すべての答えが与えられました、その先生からね）
——もし、given by the teacher といったのであれば、「先生の傍で与えられた」という感じになります。
　しかし、from the teacher であれば、「先生からこっちの方にやって来るように与えられる」イメージになります。

⑤I have never heard **from** you.
（一度も聞いてないね、あなたから）
——「ずうっと何も便りがあなたから来てない」ことを言っています。もし I have never heard of you. であれば、「一度も聞いてないね、あなたの（一部の）こと」という感じになり、「あなたのことに関しては今まで何にも聞いたことなんてないですよ、まったく知りませんねぇ」という感じになります）

⑥It sounds reasonable from the environment perspective.
（それは［音の響きのように］聞こえるね、筋が通っているように、そういった環境の見通しから［見てみると］）

第3章　勘違いされがちな「前置詞」

◆in……中にある

①The water is **in** the cup.
（その水は、あるね、中に、そのカップのね）

②The water is **in**.
（その水はあるね、中に）
——これだと、「水がとにかく中にある」ことだけをいう感じになります。
※このinは名詞の前に来ていませんから前置詞ではありません。念のため。ただ前置詞だろうが副詞だろうが、inのイメージは同じです）

③We are **in** the same <u>loop</u>.
（我々はその同じ<u>輪</u>の中にいる）
——loopは（仲間の）輪のこと。つまり、我々はいつでも連絡を取り合う仲間の輪の中にいる、という意味になります。

④The car was <u>painted</u> **in** red.

（その車はペンキで塗られて、赤色の中になりました）
——英語では、車が先に塗られて、赤の中にすっぽり入った、という感じで話をします。

　日本語風に訳すと、赤いペンキを使いました、それで車が塗られました、ということです。

　これだけ見ても英語は、語順つまり物事を考えていくその思考の順番が日本語と逆になっているのだな、と思いますよね。この点も日本人が英語を理解しにくい理由の一つです。

⑤I will do it **in** a minute.
（私がするよ、それ、1分の中で）
——つまり「1分の内にするよ」ですが、1分というと「たった1分」「ちょっとの間」というくらいの単に少ないというイメージでも捉えられます。

　I will do it within a minute.であれば、「1分以内に（必ず）するよ」という感じになります。

⑥The train was delayed **in** an accident.
（その電車は遅れました［遅れさせられました］、ある一つの事故の中にいてね）

⑦He does this and that **in** parallel.
（彼はいつもする人なんですよ、これとあれと、平行して）
——彼は平行という中にいて、これもあれもしているイメージです。

⑧She does this **in** line with that.
（彼女はいつもする人なんですよ、これを、あれとすぐ近くの線の中で）
——彼女はこれとあれをすぐ近くの線の中で、つまり一緒に行うということです。

　別に in line with that などと言わないで、単に with that だけでもよいのですが、in line をつけると「ある線の中で」というイメージを感じさせます。

　どういう風にイメージさせたいかは話し手の勝手ですし、その人の性格次第です。

◆inside……内側であることを強調する

①The water is **inside** the cup.
（その水は、であるね、中に存在するよ、あのカップの側面のね）

②I have never been **inside** this building.
（私は一度もない、このビルの側面の中にいたこと）
──一度もこのビルの中に入ったことがない、ということです。

◆into……中 (in) にツーっと入っていく

①He was walking **into** the sea.
　(彼は歩いていった、中にツーっと、あの海の中に)

②I will look **into** that problem later.
　(私が見るよ、中をツーっと、その問題の中をね、あとでだよ)
——私があとでその問題の中に入って見ていくよ、つまりその問題を調べてみるよ、ということになります。
　look into は辞書だといきなり「〜を調査する」などと出ていますが、それだと look の意味が消えてしまいます。まずは look ということですので、やはり look は基本的に「見る」という意味で理解をしておけばよいのです。
　そうすれば、あとは into が加わったときは「中をツーっと見る」という感じになりますから、結局は調べてみるという意味になることが分かりますよね。

③Don't jump **into** conclusion.
　(飛び込まないでね、中にツーっと、[一般的な] 結論の中に)

――（どんな結論であっても）結論の中に飛び込んで行かないでくださいね、つまり、「いきなり結論を出さないでください」「早合点しないでください」という意味になります。でもあまり上手に訳すと英語の表す意味がやはり消えてしまいます。英語ではjumpと言っているのですから、やはりjumpをイメージしてほしいです。そしてその飛び込む先が（一般的な）結論ということです。

④He put me **into** a difficult situation.
（彼は、置いたね私を、中にツーっと、一つの難しい状況の中に）
――「彼は私を困難な状況に追い込んだ」という意味です。

　ついでですが、難しい状況に追い込むことは、put以外の他の動詞を使ってももちろん言えます。使う動詞により感じ方が少しずつ変わってきます。
　例えば、He threw me into a difficult situation.であれば、「彼が私を難しい状況の中に投げた（投げ込んだ）」という感じですし、He sent me into a difficult situation.であれば、「彼が自分を難しい状況に送り込んだ」という感じになります。
　どれも意味的には基本的に同じことを言っているのですが、そのニュアンスはそれぞれ異なります。それぞれの意味をそのままに感じれば、これも難なく理解できますよね。

◆up……アップアップまで上へ行く

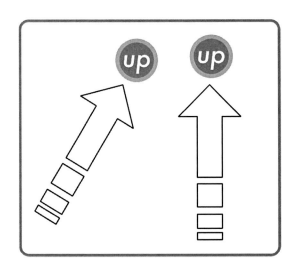

①He climbed **up** the mountain.
（彼は登った、アップアップまで上に、あの山のね）
――山を登る場合にはupに決まっていますよね。でもclimbは「（山に登るときのように）這うように苦労する」感じもあります。それをイメージさせる場合はclimb downとdownを使ってマイナスのイメージをさせます）

　以下のupは名詞の前に来ていませんから前置詞ではありません。念のため。でもよく使う形ですし、upのイメージをつかんでもらいたいので説明しておきます。

②Please sit **up**.
（どうか、座ってください、アップアップまで上に）
――胴を上にアップさせて「背筋を伸ばして座ってください」という意味です。
　英語と日本語では言い方が違いますね。英語ではそれぞれの単語の持つ意味をそのままイメージしていくことが大事です。座るイメージとupのイラ

ストを合わせてイメージしてください。そうすればsit up のイメージもつかめますよね。

③I will come **up** to you.
——I will come to you.でもよいのですが、you は見下す形より、見上げる形で言えば少しは尊敬しているように聞こえますよね（嘘でもね）。

　そこで I will come up to you.「私は参りますよ、アップ方向にいるあなたのところに」と言って、相手を少し高く見ているような感じにします。そうすれば相手は嫌な気持にはならないですよね。

　でも、相手が坂の下とか、ビルの階下にいることが分かっているときは、I will come down to you.と言います。「降りていく」という感じです。物理的に降りていくときに up を使うと、わけが分からなくなりますから。

④It is **up** to you.
（それは、ですね、上にアップアップして行ってツーっとあなたのところまでですね）
——それはあなたのところまでツーッと登って行くとそこであなたにぶつかってあなたが抑えている感じ、つまり「それはあなた次第ですね」という意味になります。

　to の箇所のイラストに描かれているようなツーっと行ってぶつかるイメージを見れば、そこであなたがドーンと抑えている感じも分かりますよね。「あなた次第」と上手すぎる訳を初めからするより、まずはイメージを先につかまえてください。それが英語の意味です。

⑤Please speak **up**.
（どうか、話してください、上にアップして）
——声を張り上げて（ボリューム・アップして）話してください。つまりは「大きな声で話してください」という意味です。このときは speak up と up を使います。

　一方で、大きな声で話すという日本語を、「声を出して」という風に置き換えてから英語に訳して、Please speak out.と言う人がいます。これだと外に話す、つまり「声を外に出す」というだけで、必ずしも大きな声である必要はありません。どちらかというと、「さあ、黙ってないで吐いてしまえ」とい

った感じですね。

⑥I will look **up** the dictionary.
（私はこれから見るよ、アップアップまで一杯に、辞書だよ）
——辞書は小さな文字が詰まっていて、アップアップまで一杯に懸命に見ないとならないので、look up という感じで up を入れて表現します。

⑦I look you **up**.
（私は見ていますよ、あなたを、アップアップ一杯上に）
——「私はあなたを見上げている」というそのままの意味ですが、そう言われると少し尊敬している感じにも聞こえますね）

◆down……ダウンダウン下に下がる

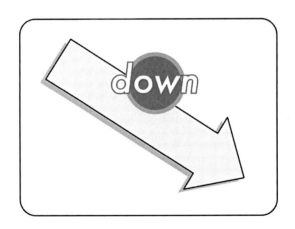

①The ship is going **down** the river.
（その船は進んで行っているよ、その川下に向かって）
——river を下に向かって進む、つまり「川下に向かっている」という意味になります。

　以下の down は名詞の前に来ていませんから前置詞ではありません。でも

よく使われる形ですし、down のイメージをつかんでもらいたいので説明しておきます。

②I will go **down** by the river side.
（私は行くよ、川下に向かって、傍をね、その川の辺りを）
——川下に向かうときは down、川上に向かうのであれば up を使います。当然です。
　ついでですが、by the river だけでも「川の傍を」となりますが、by the river side だともう少し川から遠ざかった所まで含み、「そういう大きな川の範囲の傍を」という感じです。

③He is walking up and **down**.
（彼は歩いているよ、上へ行ったり、下へ行ったり）
——「あちこち歩いている」という感じです。必ずしも物理的に上に登ったり下に降りたりしているわけではありません。日本語の登りと下りのイメージと同じです。

④Hey, slow **down**!
（おいおい、もっとゆっくりしろよぉ！）
——Slow させたいのだから、down を使って下に抑えたい気持ちが入っています。もっと早くさせたいのなら、Hey, speed up! となりますね。
　up と down は物理的な上下もありますが、気持的な上下も随分とあります。

⑤He put the bomb **down** slowly.
（彼は置きました、その爆弾を、下にね、ゆっくりと）

⑥She puts everything **down** in the class.
（彼女は置きますよ、一つ一つのことすべて、下に、そのクラスの中でね）
——授業中に put down するのは「授業の内容を」事細かにノートに置くこと、つまり「ノートを取る」という意味になります。
　授業中に彼女が put down しているイメージを想像してください。そのときの状況により put down の置くイメージが変わります。そのときの状況を

想像していないと置く内容が見えなくなりますね。だから英語をイメージで感じることがなおさら大事なのです。日本語でも当たり前のことなのですけどね。

◆around……ぐるりっと回る

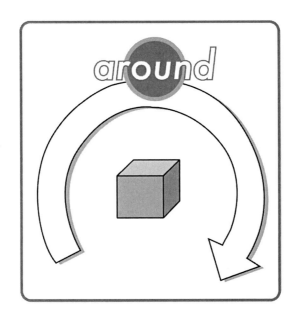

下の例文でも、aroundの後ろに名詞が来てないものは正確にいうと前置詞ではありません。でもaroundの意味は前置詞だろうが、副詞だろうが皆同じですので、まずはイメージを感じてください。

①We will have to get this <u>problem</u> **around**.
（我々はしなくっちゃ、この<u>問題</u>をゲットして、その周りをぐるりっと回らないと）
——「この問題を迂回しないと駄目だね」という意味です。イメージで考えてください。「問題をゲットして、その周りをぐるりっと回って避けて行く」というイメージです。

第3章　勘違いされがちな「前置詞」

　英語の単語の現れるそのままを、そのままの順番にイメージしてください。イメージができさえすれば、日本語訳はあとから自然と付いてきます。

②I have a muffler **around** my neck.
（マフラーを一つしています、ぐるりっと回りに、首のね）

③He is walking **around**.
（彼は歩いていますよ、ぐるりっと周りを）
――ブラブラ歩いているイメージが見えますか？

④I will come **around** for dinner.
（私は参りますね、その辺ぐるりっと回って、フォーら（for ら）ディナーの方に）
――別に本当に近所をぐるぐる回りながら行く、という意味ではありません。そんな感じで「ブラブラ行くよ」というイメージで言うためにaroundを使っています。

　come overやcome upなどのように、何も「物理的に乗り越えたり、上に登ったりしながらやって来る」ということではありません。あくまで頭の中のイメージだけで言っています。

　話し手が持つイメージをどれが一番適切か、瞬時に判断して使い分けます。聞き手もそのイメージで感じをつかみます。どれを使うか、人によって好き嫌いもあり、その人の性格も出ます。

⑤Please stick **around**.
（どうか、べたべたくっついてください、ぐるりっと周りに）
――自分の周りに張り付いていてください、つまり「その辺にいてくださいね」という意味です。

　stickはべたべたくっつくイメージですが、実際にはべたっとくっつく必要はありません。あくまでちょっと洒落た感じで言い流しています。Stay around. とも言います。stayはそこに留まるイメージですが、でもaroundです。イメージで直感的に理解してください。

⑥The weather is hot all the year **around**.

(そこの気候は暑いよ、全部その年（1月から）ぐるりっと回って（12月まで）。
——1年（12ヶ月）を時計のように見立てて、ぐるりっと回る感じで全部だよ、というイメージです。around を付けた話し手の気持ちを感じられますか？ 特に付けなくても意味は通じるのですけどね。

　all the year around でも all around the year でも同じ意味です。英語では相手に早く伝えたい言葉を先に言います。

◆across……横切る

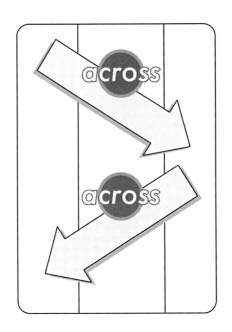

①The toyshop is **across** the street.
　（そのおもちゃ屋さんは、横切ったとこだよ、あの通りのね）
——道路を実際に横切るわけではありません。横切るという感じを持つ across を使って、よりリアルに相手にイメージさせるためです。

②He hung a bag **across** his shoulder.
（彼は引っ掛けた、かばんを一つ、横切ってね、彼の肩をね）
——かばんを肩にかついだ感じです。

③He jumped **across** the rail.
（彼は飛び込んだ、横切って、あの線路をね）
——これは自殺行為です。実際、鉄道自殺した、ともとれます。電車が来たときに、という説明がつけばさらにそういう意味になります。

④The idea came **across** all of a sudden.
（その考えが来たよ、横切ってね、すべて突然のことだった）
——「突然、そのアイデアに出会ったよ」という感じです。辞書で come across の熟語訳が「を偶然見つける」などとなっていると、訳が上手過ぎて come と across の意味を見失ってしまいますね。皆さんはあくまで come と across でイメージしてください。

　ついでですが、all of a sudden というのは、まずは「all（すべて）」なんだよと言ってから「a sudden（ちょっと一つの突然）」「の一部のこと（of）」のね、という感じです。つまり、ちょっと一つの突然なんだけど、それのそっくり全部くらい凄かったよ、というイメージです。

◆through……スルーっと通り抜ける

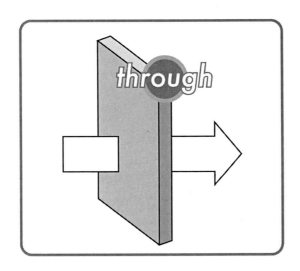

①He came passing **through** the crowd.
（彼は来ました、渡って、そしてスルーっと通り抜けてね、あの群衆を）
――passだけでも「あっちからこっちに渡る（渡す）」イメージですので、必ずしもthroughをつけなくても意味は分かりますが、でもthroughをつけると「スルーっと通り抜ける」というイメージがさらに強くなります。状況をリアルに話したい話し手の気持ちが通じますか。

②You must study all **through** the year.
（あなたはしなくっちゃ、勉強を、全部スルーっと通して、いつもの1年を）
――「一年中勉強しなさいよ」ということです。ここでもall the yearだけでも意味は分かりますが、throughを入れるとさらに「ずうっと通して」という意味が付け加わり、より一年中の意味が強くなります。

③You are **through**.
（もうお前はうちの会社の仕事を通りぬけているんだ、だからもう何もすることなんかないんだ！）

──社長にこう言われたら、つまり「お前はクビだ！」ということになります。上手く通り抜けたことを誉められているのではありませんよ。まあ、誰でもそのときの声の調子で理解できると思います。

④Are you **through** with this work?
（あなたはもう通りぬけてしまっていますか、この仕事をすぐ近くに持って）
──仕事を脇にかかえて何かを通り抜ける感じです。上手く通りぬければセーフ、つまり仕事が完了したということですね。Are you done with this work?と意味的には同じです。ただし、感じるイメージは違いますよね。

⑤I will drive all the way **through** to New York.
──これもイメージできますよね。簡単にはdrive（運転する）to New Yorkだけでもよいのですが、all the way（はるばるその道を）やthrough（［障害などを］スルーっと通りぬけて）をつけると、話が大げさに聞こえて面白さが倍増しますよね。

⑥The exposition will continue from Monday **through** Friday.
（その展示会は、続きますよ、月曜日から金曜日中までね）
──ここでfrom Monday to Fridayとすると、Fridayに達したとこまで、という感じになります。toのイラストを見てください。to だとFridayにぶつかって終わります、ということはつまり「木曜日一杯まで」という意味になります。正確にはです。でも時間のことは意外といい加減ですから、from Monday to Fridayでも金曜日が入るのかな、と理解してくれるかもしれません。そんな状況が見えれば、です。

　でも本当に正確に言う場合には、through Friday または through to Fridayと言ってください。木曜日と金曜日の境の壁を通り抜けて金曜日に入るんだよ、という感じがはっきりするようになります。

◆above……ある一線（レベル）から上

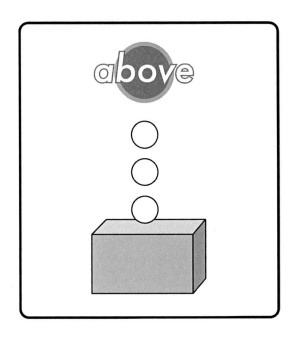

①The <u>telescope</u> was set three feet **above** the sea.
　（その<u>望遠鏡</u>がセットされました、3フィート、上をね、あの海のですよ）

②Her <u>intelligence</u> is much **above** <u>average</u>.
　（彼女の<u>知的レベル</u>は、ですね、もっと、上ですよ、<u>平均</u>のね）
　――「平均レベルのもっと上を行っていますよ」ということですね。averageにはtheが付いていません。どの平均でもよい一般的な平均のことを言っているからです。でも、特にクラスの平均を話している場合であれば、the averageとして「ほら、（このクラスの）その平均だよ」という感じで言えます。

③Look **above** in the sky.
　（見ろ、上を、その空の中だ）

――Look in the sky.でも空は上にあるから上を見るのでしょうけど、above を入れるとさらに念押しで上を見させられますよね。「上だ、上を見ろ！」って感じになりますね。

◆below……ある一線（レベル）から下

①Our town is **below** the sea level.
（我々の町は、下にあります、あの海面水準より）
――海抜ゼロメートル地帯ですね。

②Sorry, your son is doing far **below** average at school.
（残念ながら、あなたの息子さんがしているのは、ずっと下なんですよ、平均の、学校でですけど）
――この場合、doing…….at schoolですから、学校で「している」のは勉強のことですね。いずれにしろ平均よりはるか下のレベルだということ。がっ

かりですね。だから Sorry なんですね。
　ところで、この場合も average には the が付いていません。一般的な平均の意味で言っているからです。でも「クラスの平均」ということであれば class average だけでなく、それに the を付けて the class average になります。

③It is ten degrees **below** the freezing point.
　（10度下なんです、あの氷つく点（氷点）のね）
──零下10度ってことですね。

◆before……前にいる

①The crowd is **before** you.
　（その群集はいますよ、あなたの前に）
──ある場所、例えばあなたの「前」は in front of you でもよいのですが、ただしそれは「真正面」のイメージです。before は正面からその外側をも含んだ広い範囲の前方部分のイメージになります。

②I got up **before** 6:00 am.
　（起きましたよ、午前6時前に）
──もし by 6 am というと、「午前6時のすぐ手前」の感じになります。一方 before 6 am であれば、「午前6時のそれなりの前」のイメージになりま

す。byよりもう少し幅を含んだ前です。では、それらの違いは何分？　何時間？　それはよく分かりません。話し手が感じるイメージだけです。

③He explained **before** the audience.
（彼は説明しましたよ、その聴衆の前で）

④The profit was 5 Million Yen **before** tax.
（その利益は５百万円でした、税金前で［税の支払い前、つまり税引き前で］）

◆after……後ろにいる

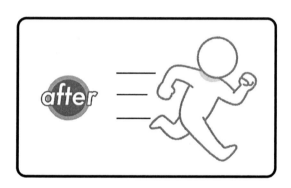

①We will see you the day **after** tomorrow.
（私達はまた会いましょうね、明後日に）

②I got up **after** 6:00 am.
（起きましたよ、午前６時の後で［を過ぎて］）

③Please come **after** me.
（来てください、私の後に）
——Please follow me.とも言いますね。

④**After** you.
（あなたの後から［行きますよ］）
——「お先にどうぞ」。いわゆるレディーファーストというやつです。もちろん紳士は誰に対してでも行いますよね。この場合、紳士的に優しく言うのであれば、you をちょっと尻上がり調に発音します。

⑤The profit was good even **after** tax.
（その利益は良かったですよ、税引き後［税を支払った後］でも）

⑥She practiced day **after** day.
（彼女は練習しました、毎日毎日）
——day after day は「来る日も来る日も」という感じです。every day も意味は同じなのですが、単に各々の日、と説明をしているだけです。
　day after day というと、毎日が繰り返し何度も何度も続いて嫌になるような気がしますよね。 day after day after day after day などと繰り返すと、もうその嫌さが本当によく分かるように聞こえます。試してください。

◆between……間にある

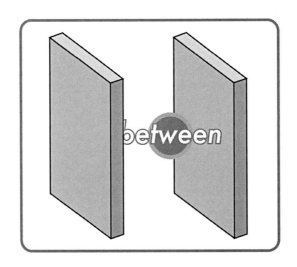

①This is **between** you and me.
（これはですね、間のことですよ、あなたと私のね）
——「このことはあなたと私の間だけのことにしておいてくださいね。他の人には内緒ですよ」

②That work will be done **between** 2:30 and 4:30.
（あの仕事はされるでしょうよ、２時半と４時半の間に）

③There is not much difference **between** you and me.
（大差ないね、あなたと私の間には）
——「あなたと私では大した違いはないですね」

◆among……３つ以上の間（中）にいる

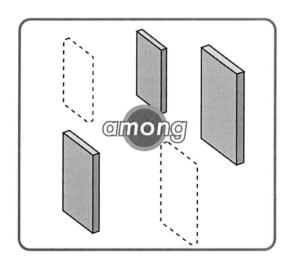

古い言い方ではamongstと言います。現在でも時々amongstを使う人もいます。

①The house was built **among** the trees.
（その家が建てられました、そこにある木々の間に）

②We saw him **among** the crowd.
（私達は見ました、彼を、その群集の中に）
──「crowd（群集）」という、数えられないものの間にいる場合も使えます。

③He was chosen from **among** the audience.
（彼は選ばれました、どこからというと、その聴衆の中から）

④**Among** other things, …
（その他にもいろいろなことがある中で、……）
──「他にもいろいろありますけど、それは置いといて」と言ってから何かを話す言い方です。

⑤We have 100yen only **among** us.
（我々の中では百円しか持ってない）

◆out……外にいる、外に出ていく

out は前置詞というより、副詞です。つまり他の前置詞のように、**out** の後ろには名詞が来ません。前置詞的に使う場合は、**out of** とか **out to** とか他の前置詞と組み合わせて、そしてその後ろに名詞を置いて使います。
　out of と out to については次項で説明しますが、その前に out の意味を「イメージで直感的に」とってもらうために、ここで out の説明をしておきます。

　out というのは「**自分の手の届く範囲の外**」というイメージであって、決して部屋の外とか家の外のイメージではありません。同じ部屋の中にいても、He is out there.「彼はそこにいるよ」などと自分の手の届く先にいるという意味で out を付けて話したりします。
　また、out は「手の届く外」、つまり「**手から離れて終わり**」というイメージで使う場合も頻繁にあります。単に手の届く外の意味なのか、それとも終わってしまうイメージまで含んでいるか、それはケースバイケースで判断することになります。

①**Out**！
（出ていけ！）
――野球のアウトは、内野フィールドから「出ていけ！」という意味です。Get out! または Go out! などの意味ですが、get や go などの動詞を使わずとも、前置詞あるいは副詞だけでもその意味を表せます。前に説明した Back off! もそうですね。
　a や the もそうですが、前置詞や副詞にもそれだけ無視できない意味の重みがあるということです。

②The pitcher shut them all **out**.
（あのピッチャーが選手全員閉め出した）
――「完封した。シャットアウトした」。手の届く外に出し、同時に終えるという両方の意味を感じますね）

③The door cannot open. Oh, I was shut **out**!
（このドアが開かない。あ、俺、締め出しをくった！）

④Get the hell **out** here!
——Get **out** here（ここ出ていけ！）を、その地獄だ（the hell）と、どこの地獄かまでをも指定していえば充分に罵り言葉になります。こういう形でhell に the を付けるのは、hell を罵り言葉として強〜く発音したいからでもあります。お〜、コワッ！

　ついでですが、普通、地獄には the を付けません。地獄は誰も見たことがないですから「その地獄」とは言えませんよね。Go to hell!「地獄へ行け！」などの悪口も、どの地獄でも構わないからとにかく地獄という属性の場所へ行っちまえ！っていう感じです）

⑤This student is **out**standing.
——outstanding は通常の枠から外に出て立っている、つまり突出している、つまり優秀だということです。out を使って動詞もできているんですね。out は単純に「手の届く外」、standing は単純に「立っている」イメージです。
　辞書でいきなり「目立つ」とか「顕著な」などと訳されると、out の本来の意味も、そして standing の本来の意味も見失いますよね。この辞書の日本語訳は確かに正しいのですが、英語そのものを理解する助けにはなっていません。

⑥I will work it **out**.
（私が仕事して、それを手の届く外に出してしまいますよ）
——work して、それを仕事の山から外に出して、手から離して終わらせてあげますよ、という感じです。
　out には「完全に」の意味もあると辞書には出ていますが、まずは「外に出る・出す」という意味を感じてください。そうすれば、外に出すのだから完全に終わってしまう、という意味に取れますよね。

⑦Please, <u>fill</u> **out** this <u>form</u>.
（どうぞ、<u>中を満たして</u>そしてそれを外に出して終わらせてください、この<u>用紙を</u>）
——これも上と同様に、用紙を記入して、それを記入という仕事から外に出して終わらせてください、という感じになります。
　この fill out はアメリカで使う言い方です。一方、イギリスでは fill in とい

って、これだともろ「(用紙の)中を記入して」の意味になります。Please, fill in this form.という言い方をしますね。

また、ついでですが、fill up となると、「アップアップまで一杯に満たす」という感じになります。ガソリンスタンドで一杯まで入れてほしいときは、Fill up, please.などとお願いします。コーヒーをコップ一杯まで入れるのも fill up です。

◆out of / out to……out of は「外に出る、〜のとこから」、out to は「外に出て〜ってとこまで行く」

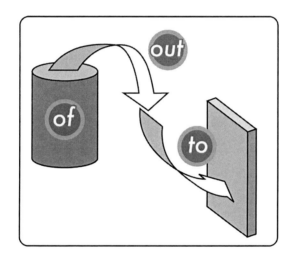

①The water was put **out of** the glass.
（その水が置かれた、外に、そのコップのとこからね）
——水がコップから出された、ということです。

まず、「水が外に出た（out）」と言ってから、「出たのはどこからというと、それは glass <u>の一部のとこ（of）</u>さ」という場所の説明を後ろから付けます。

英語では、「水が出た」という事実を先に言ってから、その説明は後ろにつける形を取るのです。日本語とは言葉の順序が逆で、従って考え方の順序も

逆になる場合が多いです。単に「水がコップから出た」と訳すだけですと、outの意味が見えません。

　この日本語だと英語にする場合、「から」なのだからfromでよいのかなと思って、The water was put from the glass.と英作文する人がいるかもしれません。fromを使うと、「コップの位置・場所から距離を離れて置かれた」という感じだけで、必ずしも「水がコップの外に出された」というイメージは浮かびません。

「出る」のであれば、まずはoutを使ってください。その後からofで説明を加えてください。「of（のとこだよ）」って感じでね。

②He went **out to** New York.
（彼は行きました、外に出て、ツーっとニューヨークまで）
——ここでoutは言わなくてもよいのですが、外方向に飛び出して行ったのだ、というイメージを沸かせるために使っています。状況をリアルに説明するためです。

③He went **out of** the <u>house</u> to New York.
（ここでは、彼はその<u>家</u>を飛び出してニューヨークまで行きました）
——out、of、toを入れて、やはりできるだけリアルに状況を説明しています。

◆behind……後ろ

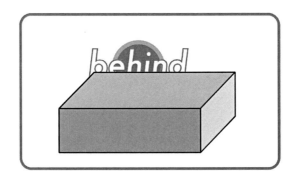

①Hey, look **behind** you.
（おい、見ろよ、後ろだよ、お前の）

②He is **behind** you.
（彼は後ろにいるよ、あんたのね。つまり、後ろに隠れているのを教えているイメージです）

③He is in the third <u>position</u> **behind** me.
（彼は三番目の<u>位置</u>にいるよ、私の後ろのね。自分から後ろ向きに数えて三番目の所にいるよ、ということです）

④The train <u>arrived</u> ten minutes **behind** the <u>schedule</u>.
（その列車は<u>到着しました</u>、10分、後ろだよ（決まった）<u>予定</u>のね。つまり、到着はした、だけど10分遅れました、ということです）

⑤We are two goals **behind** the other team.
（我々は2ゴール、後ろだよ、あの相手チームのね。最近のサッカーなどでは、我々は2ゴール・ビハインドだ、とかそのまま英語で言う人もいますね）

◆toward……ある方向に向かって行くだけで、toと違って到着しない

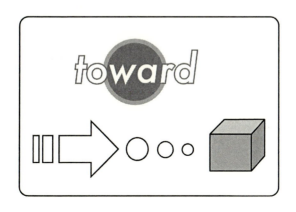

①He is looking **toward** the future.
（彼は、見ているよ、ずっと先の将来の方を）
——将来は到達することがありませんから、towardを使うのは適切です。でも、toを使って、ツーっと行って将来のどこかに到達するのもでよいですけどね。

②He walked **toward** the destination.
（彼は歩いたよ、ずっと向かってね、あの目的地の方へ）
——「目的地に向かって歩いただけで、到着はしなかった」ということになりますね。He walked to the destination.であれば、「歩いて行ってそして目的地に到着した」ことになります。

③We will make efforts **toward** peace.
（努力たくさんしましょう、平和に向かって）
——これでは平和には到達しないかも、ですね。でも平和に向かっていくだけでも結構なことです。make an effortよりもmake effortsの方が努力を「たくさん」するイメージです。an effortだとちょっと努力一つ、って感じですよね。また英語では、effort (s) は「作る (make)」ものなんですよね。

◆beyond……遠くに越えている

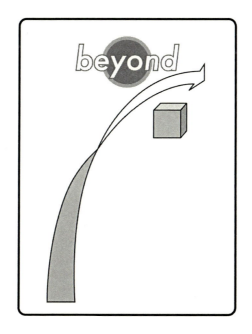

①The sunset was **beyond** the horizon.
　(その夕日は、はるか遠くの、あの水（地）平線の向こうだった)

②They continued the meeting **beyond** midnight.
　(彼らは続けました、そのミーティングを、遠くに越えて真夜中を)
　——after midnight でも真夜中以後ということでは同じですが、beyond を使うと真夜中をはるか先に越えるイメージになります。

③What he is saying is **beyond** my comprehension.
　(何か、彼が言っている、のはですね、はるかに越えているよ、私の理解を)
　——「彼の言っていることはまったく理解できないよ」っていう意味です。I cannot understand what he is saying. と同じ意味です。でもたまにはこのようにちょっと粋な言い方をしてみてはどうでしょうか。

ついでに、comprehendは「完全に内容をつかみとる」という感じでの「理解する」という意味です。comprehensionはその名詞形です。

④Her test score is **beyond** my expectation.
　（彼女のテストの点数は、超えているよ、私の期待をね）
——「テストの点が期待していたより良かった」ということです。別な言い方というかありきたりな言い方をしますと、Her test score is much, much better than I expected（またはI was expecting）.となります。いろいろな言い方ができるようになるとよいですね。

◆during……ある期間ずうっと続いている

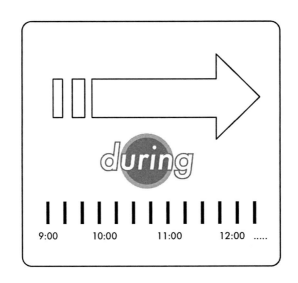

①He kept talking **during** the meeting.
　（彼は、話し続けた、ずうっとの間、そのミーティングのね）

②The weather is hot **during** the summer.
　（その気候は、暑い、ずうっとの間、その夏のね）

③She enjoyed **during** her stay in London.
（彼女は楽しんだ、ずうっとの間、彼女の滞在中、ロンドンで）

④He called you twice **during** your absence.
（彼は、電話したよあなたを、二度、ずうっとの間、あなたの留守の）
──「彼はあなたの留守中に二度電話した」という意味ですね。

◆along……長いものにずうっと沿って動く

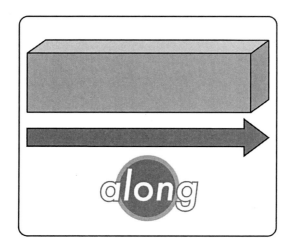

①He walked **along** the street.
（彼は歩きました、その通りに沿って）

②Let's proceed **along** the line.
（進みましょう、その線に沿って）

③He is getting **along** with her.
（彼は、ですね、［自分自身を］ゲットしているよ今、ずうっと（何かに）沿うように、彼女とすぐ近くでね）
──彼女とずうっと上手くやっているよ。という感じになります。

第4章　意外と理解されていない「基本動詞」

　辞書には一つの動詞についてさえも通常たくさんの意味が羅列されています。例えばlookもそうですし、doやgo、come、、have、get、takeなど、最も基本的な動詞ほどその意味の多さにびっくりします。
　ここでは、とくに重要な動詞、have、get、take、makeについて説明したいと思います。

◆have……自分のものとして拘束し、長期間手元に置く

意外と誤解されているhave

　まず、haveはもう誰もが知っている「持つ」という意味が一般的です。辞書を引きますとそれ以外にもたくさんの意味が出ています。
　基本の意味は確かに「持つ」でよいのですが、ただその「持つ」という意味を正しく理解していない人が多いのではないかと思います。「持つ」というと、つい「手で持つ」という意味のようにとらえる人も多いのではないでしょうか。
　学校の英語の授業でも
I **have** a camera in my hand.
のように、「手にカメラ一つを持っています」などという文章からhaveの勉強を始めたような記憶があります。

　ところがです、日本語でも実際は同じことなのですが、**「持つ」というのは必ずしも「手の中に持つ」とか、自分の力で持ち上げるような感じで持つ、という意味だけではありません。**

第4章　意外と理解されていない「基本動詞」

　そういう意味を理解してから辞書を見ると、なるほど辞書の説明の中には「所有する」もあれば、「取る、受ける、食べる、飲む」もあれば、その他「生む、もうける」「する、行う」「経験する、被る」「知る、理解する」などの意味が載っています。さらに、まだいろいろ出ています。
　いずれにしろ、一つのhaveの意味がこれほど多様な意味を持つと、いったいhaveの本当の意味は何なのだろう？、って思いますよね。誰もが知っている「持つ」という意味からは遠くかけ離れているものがたくさんあります。
　なぜ「持つ」が「食べる」までの意味になるのでしょう？
　そして当然これほど多種の、まるで一つのhaveという単語からは想像することすらできないような意味を全部覚えることなど、できるわけありません。そうですよね。

　haveの本当の意味は何なのでしょうか。
　辞書にあるたくさんの意味を全部覚える必要はありません。どの英単語でもそうですが、まずはその意味を「イメージで直感的に」「一つだけ」覚えればよいのです。つまり**have**の本来の意味は、「それがどこにあっても場所に関係なく自分のものとして持ち、持つからにはある程度拘束し、そこから抜けられない状況に［長期間］置く」ということを心の中で感じるイメージでしょうか。

　haveは決して法的な所有権を主張するほどのものではありません。一つの単語の意味としては説明が長くなりましたが、イメージで直感的に意味を感じてほしいと思います。実際このイメージは、日本語での「(広い意味で)持つ」のと同じです。海外に土地を「持つ」ともいえますからね。

　「持つ」にしろ「所有する」にしろ、日本語訳で覚えることはもう英語ではなく日本語です。haveは英語なのですから、「持つ」や「所有する」「食べる」などという日本語ではありません。haveと聞いた瞬間に「これは自分のものだ、だから自分の勝手でしょ」と感じてほしいと思います。そういう理解で上に挙げた辞書の意味をもう一度見てみますと、

・「所有する」

そういう所有の状態に置くわけですから、これはすぐに理解できますよね。

・「取る、受ける、食べる、飲む」
　これら意味については、haveが「自分のものだ、だから自分の勝手にするぞ」と感じれば理解できます。何しろ「自分のもので、自分が自由にできる」のですから、そのものを自分が「取ったり、受けたり」、また口に運んで食べることももちろんできるわけです。自分のものであれば、それを食べようと飲もうと自分の自由です。
I **had** a good meal.
（自分のものにしたよ一つすばらしい食事を）
——食事を自分の勝手にできたから食べてしまったよ、というニュアンス。

I will **have** salad, soup, and steak.
（自分のものにして［自分の自由に食べてしまうものは］……サラダとスープとステーキですよ）
——これはレストランなどで注文する場合です。「まず自分のものとして自分勝手にするものは……」というのが、I will haveという部分です。英語では先に何をしたいかを述べます。これを話すときは普通、I will haveと言ってから少し考える間を置きます。つまり「自分のものとして勝手にしたいのは……」という感じですね。

・「生む、もうける」
　赤ちゃんを持つかどうかに関して自分の自由にするという意味で理解ができます。ただし、これについては道義的、医学的な点に関して議論はあるかもしれませんが。
I want to **have** a baby.
（自分は欲しい、自分のものとして自由にしたい、一人赤ちゃんを）

・「する、行う」
　「自分のものにして自分の自由にする」というのがhaveなのですから、それを「する、行う」こともできます。
I will **have** a look at it.
（その場所を一つ見ることを、行いますよ）

I **had** a talk with him.
（一つお話しを［した／行った］、彼と一緒に）

・「経験する、被る」
　経験も「自分のものとして自分が自由に扱える状態」のものです。よい一時を持つ経験（例えばI had a good time.）も、風邪を一つひく悪い経験（例えばI had a cold.）も同じです。嫌な経験は自分のものにしたくないですけど、自分の経験はやはり自分のものです。風邪をひくのも勝手でしょ、という感じです。

・「知る、理解する」
　知識は「自分のものにして自分が自由に扱う」ものである、ということで理解できますよね。
She **has** a good idea.
（彼女は自分のものとして自由にできるものを持っているよ、それは一つの素晴らしいアイデアですよ）

　さて、これまでの説明により、なんとなくhaveの「感じ」はつかめたかと思います。
　カメラや食事、その他知識など、haveしているものが「ある物」であるから分かりやすかったと思います。対象が「物」であればそれを、いわゆる日本語の「持つ」という広く一般的な意味で考えても十分に理解できるからです。

人間をhaveする場合の感じ方

　一方で、haveの対象が「物」ではなく「人間」である場合は、日本語の「持つ」という意味では少し奇妙に感じます。
　例えば、
I will **have** you……
といわれれば、「なぜあなたが私を所有するって言うんですか！　私はあなたのものではありません！」という感じでしょう。でも実際の意味は「私はあ

なたを自分のものとして持って拘束し、あなたを自由に動かします」ということなのです。

　ただしこの have には「所有する権利を有する」とか「奴隷にする」とかいうほどの所有権を主張するものではなく、「あなたを私のコントロール下に置きますよ」という感じです。その意味で、have はある程度強い強制力を示しています。

　もう一つ例を上げます。
I will **have** him call you back when he comes back.
（彼が戻ってきたら、彼にあなたをコールバックさせます）
というのは、電話を受けたときによく使う言葉です。
　まず、I will have him といっています。これは、私は彼を持って拘束するのではありますが、彼を法的に所有してしまう、というほどの意味ではありません。
　ただし、「私は広い意味で彼を自分のものとして持って、自分のコントロール下に置きますよ」という感じでは言っています。それだけ強制力を持たせてはいます。だから彼にコールバック「させます」というような訳になるのです。

　ですから英語では、
I will **have** him
call you back when he comes back
と分けて意味をとればよく分かります。事実、I will have him までが一つの意味を成した文章です。
　次に「彼に対して」ですが、「コールバックしなさい」と命令調の文章が続きます。それら二つが合わさって、「彼にコールバックさせます」とか「彼にコールバックしてもらいます」という強制力を持たせた意味になります。

　さらに幾つか例を挙げてみますと、
I will **have** you
（君を私のコントロール下に置くからね）
Study harder.
（[君に向かって] もっとしっかり勉強しなさい！）

――「君にはもっと勉強してもらいますからね！」という意味になりますね。

We will **have** him
（我々は彼をコントロール下に置きましょう）
Sign the <u>contract</u>.
（[彼に向かって] その<u>契約</u>にサインしなさい、って言えるように）
――「彼にこの契約をサインしてもらいましょう」という意味になります。

　一方、haveの対象が「人」の場合は上のように命令できますが、対象が「物」であれば、「物」に対しては命令できません。それは当たり前です。「物」は誰かに何かを「される」だけです。「物」は受身の対象だけです。ですから人間は「物を自分のものにしてコントロール下に置く」ことは可能ですが、その「物」には命令できず、誰かに何かを「される」だけです。
　上の例でいいますと、
We will **have** the <u>contract</u>
（我々はその<u>契約</u>をコントロール下に置きましょう）
signed by him.
（[その契約は] サイン済みになっちゃってるものですよ、彼の脇でね）
――全体の意味としては「我々は彼にその契約をサインしてもらいましょう」という上述の例文と同じ意味になります。

　もう少し例を挙げてみますと、
I will **have** this
（これを自分で持って、自分のコントロール下に置こう）
done by tomorrow morning.
（[で、これというのは] されちゃってるんですよ、明日の朝までに）
――「私はこれ、明日の朝までにやってもらいます」
　後半を次のようにすれば、
done by him by tomorrow morning.
「彼の元でやってもらいます、明日の朝までに」となって少し分かりやすいかも知れません。
　それであれば、himをhaveした形で同じ意味のことをいえます。
I will **have** him do this by tomorrow morning.

113

さらに、「物」をhaveする場合の例を挙げます。
I want to **have** this shirt
（このシャツを自分のコントロール下に置きたいんですけど）
washed.
（［で、そのシャツは］洗われちゃってる状態にね）
――「このシャツを洗濯してほしいんです（ホテルのカウンターで頼んでいるイメージです）」。
I will **have** my hair
（私は髪の毛を自分のコントロール下に置きますよ）
cut.
（［で、髪の毛は］切られちゃってる状態にね）
――「私は散髪してもらいますよ」。
　このcutは、my hairに命令しているcutではなく、「切られちゃってる」というcutです。文法では過去分詞形です。

　I have my hair cutとI cut my hairの違いは分かりますか。
　I have my hair cutは、まず自分のhairを先に自分のコントロール下に置いて、それからそのhairがどんなhairなのかを説明しています。cutされるhairを持つのです。つまり誰かに自分のhairをcutしてもらう、という他力本願の言い方です。
　一方、I cut my hairは、自分で自分のhairをcutしている、という自力本願の言い方です。自分で自分の髪を刈るのであれば、I cut my hairが正しいことになります。

◆get……短時間、心の中に確保する

haveと似て非なる感じ方をするget

　getも基本動詞で、辞書にはたくさんの意味が載っています。それらをすべてここでは説明しません。ただgetの意味を「イメージで直感的に」感じ取ってほしいと思います。一つだけです。haveと似ています。ただ感じ方

が少し異なります。それを説明していきます。

　getは、辞書ではまず「得る、手に入れる」という意味で出てくると思います。最近では「彼女のハートをゲットする」などと日本語で言う人もいますが、実はそういうイメージが正しいのです。ただし、「ゲットする」のは別にハートに限ったことではありません。念のため。
　getの意味は「短時間、心の中に確保する」という感じです。
　それだけです。とにかく「ゲットする」のですから、やはりhaveと同じように「自分の好き勝手にできる」ことになります。
　ただhaveの場合はそのものがどこにあっても長期間自分のものだ、と主張する感じですが、getの場合は「自分の心の中に非常に短時間、持ってくるような感じ」で少し感じ方が違います。haveとの違いを感じてもらえるでしょうか。
　幾つかget（過去形はgot、過去分詞形はgotまたはgotten）を使用した例を挙げてみます。

I will **get** lunch at 12:00 <u>noon</u>.
　（昼食をゲットします［食べます］、<u>お昼の12時に</u>）
　I will have lunch at 12:00 noon.であれば、lunchをどこかにずうっとの間、コントロール下に置く、だから結局lunchを食べてしまう、という意味に取れますが、getを使うとhaveよりもう少しlunchを瞬間的に自分の近くに持ってくる（自分のものとしてゲットする）感じを強く感じます。
　ただ、lunchを物理的に自分の心とか懐の中に持ってくるような真似はできませんよね。それでもゲットするという感じで使えます。

　ここでついでですが、lunchにはaをつけていません。この場合、一般的・抽象的な「昼食の性質・役割」のことに80％ほど重きを置いて言っているからです。もし、I will get a lunch at 12:00 noon. とa lunchにしますと、(物理的なものである) ランチ一つ、つまり「お弁当一つをゲットする」ようなイメージになります。

I **got** this information from the TV news.
　（この情報を瞬時にゲットしたよ、あのテレビ・ニュースからね）

これを had を使っていうと、その情報をずうっと自分のものとして持っていたという感じになり、got のように自分の近くに瞬時に持ってきたというイメージにはなりません。

Got'cha!
　読み方は「ガッチャ！」です。I got you! のことになります。かくれんぼとかで、「わ〜い、捕まえたぞ〜」という感じです。
　実際、物理的に腕の中に捕まえたというより「捕まえたという状況」だけの意味で get を使っています。もしこれが I had you. であったなら、場所はどこでもよく、どこかに長期間持ってコントロール下に置いている、程度の意味にしかなりませんから、「捕まえた！」というほど近くに捕らえた、という感じにはなりませんね。

I am coming to **get** you!
　（そちらに行って、お前をゲットしてやるぞ〜！）
　実際に捕まえて殴るような真似をするのではなく、「そちらに来てやるぞ、そしてお前さんを捕まえてやるからな〜」という感じです。捕まえてからどうするかは特に分かりませんが。

Please, **get** the passport out.
　または、
Please **get** out the passport.
　（［あなたの］パスポートを［まず心の中に］ゲットしてから、外に出してください）
　つまり「パスポートを出してください」という意味です。パスポートがすでに自分の内ポケットにゲットしている場合でさえも、get しろ、といえます。なぜならゲットの先が「心の中に」ゲットするものだからです。

Let's **get** back to work. (Let's **get** ouselves back to work.)
　（自身をゲットして、バックしましょう、仕事の方に）
　つまり、「仕事に戻りましょう」という意味です。

Get out of here. (**Get** yourself out of here.)

（まず自分自身をゲットして、それからそれを out しろ）
「ここから出ていけ」ということになります。

　またついでですが、get の場合は特に、上の例文の get back とか get out、さらには get off、get to、get in など、目的語を伴わずに、というか目的語を省略する場合が結構あります。その場合に省略されている目的語は、
・命令形の場合は yourself
・Let's（Let us）get の場合は ouselves
・「I（私が）」の場合は myself
・It の場合は itself
です。
　もちろん省略せずに、きちんと言う場合もあります。目的語をはっきり指定していうと、それはそれだけ物事をはっきりと正確に間違わずに言おうとすることになりますから、ある意味より強い調子になります。
　例えば Get out. より Get yourself out. の方が強い調子に感じられます。日本語でも単に「出て行け」と言われるより「お前、出て行け」とご指名で言われた方がその分強い調子に受け取られますよね。

　get の場合に目的語を省略できるのは、get がそれだけで自分というか主語の方向に何かを取り込むという意味的な強さがあるからです。目的語をいわずとも明確に理解できる場合が多く、はっきりと意味が取れる状況下にあるからだと思います。日本語では目的語だけでなく主語さえも言わない場合が多いですので、日本人にとってはそういった感じが当たり前になりすぎてかえって分かりにくいかもしれませんね。
　一方 have の場合は、ゆるやかな感じでどこかにずうっと持っているだけになりますから、Have out. と言われてもピンと来ません。どこか遠い場所に have していてもよいわけですから、それなのに out と言われても、out する必要性すら感じられませんから。それでも、はっきり指を差されてその上で Have yourself out of here. とでも言われれば、「出て行け」という感じは出ますが、それでもまだソフトな感じがします。

　このように、それぞれの単語の意味をその日本語訳ではなく、正しく一つだけでいいので身体で感じていれば、あとは自分でそれらを組み合わせるこ

とができます。シチュエーションごとに、自分が言いたい強さや自分の個性をも表す言い回しを、自分で作ることができるようになりますよね。

　それこそが英会話であり、英語学習の第一歩です。それが一番簡単な英語学習法であり、世界の他の国の人はほとんどそうやって英語を学びますから1年もすれば英語が話せるようになります。

　一方、日本では辞書と文法中心の日本語訳で学びます。簡単なものを最高に難しい形で学んでいます。このことを私はこの本の中で一貫して主張しています。

I will **get** him call you back when he comes back.
（彼が戻ってきたらあなたにコールバックさせますよ）
　これはhaveを使っても同じです。ただし、ほんの少しですが、getの方がさらに近くに、瞬時に、ゲットするというイメージです。

I will **get** you study harder.
（君にもっと勉強してもらうからね）
　これもhaveを使っても言えますね。

I want to **get** this shirt washed.
（このシャツを洗濯してほしいんです）
とか、
I will **get** my hair cut.
（私は散髪してもらいますよ）
　これもhaveのところで説明したのと同じです。
　どうでしょうか、getのイメージを感じられましたでしょうか？

◆take……つかんで持っていく

haveやgetとも違う感じ方をするtake

　takeも辞書にたくさんの意味が並べられています。意味的にはhaveやgetとも多少似ています。

ただし、have と get の間でも感じ方の違いがあったようにが、この take もそれらと意味的に似てはいますが、どちらとも少しイメージが異なります。

　take の意味を一つだけイメージ的に理解しておくと、「**取って、つかんで持っていく、または取って（何かを）する**」というイメージです。
　get は心の中にゲットする（だけ）という感じでしたが、**take** は、「take の後ろのもの（目的語）を確保して、そして一緒に移動するとか、そのものの行為を行う」というような動作イメージが入ってきます。

　ただし、つかんで持ってテイクというのは物理的に手を使ってつかむということではなく、いわば「心の手」を使ってつかむという感じである、ということを付け加えておきます。そういうイメージで理解してください。

　また例文を使って説明しましょう。

We will **take** it.
（我々はそれを取って、そして我々と一緒にやっていくのだよ）
　We will get it.であれば、それを我々のところに瞬間的に持ってきてしまおうよ、という感じであって、それをずっと一緒に持ってやっていこう、というまでの感じはありません。

I will **take** you to the station.
（あなたを確保して持って行きましょう、ツーっと向かって、その駅に）
　つまり「あなたを駅に連れて行きましょう」という意味になりますね。

I will **take** lunch at 12:00 noon.
（私はランチを取って来て食べますよ、お昼の12時に）
　have や get を使っても、同じく「昼食を食べる」という意味が表せることをすでに説明しました。take を使うと、ランチをつかんでから持ってきて、行為を行う（つまり食べる）、という行動までを含む感じになります。

I will **take** the examination.
（私はその試験を取ってそれを行っていきます）

119

「これから試験を受けますよ」という感じですね。
I will have the examination.
や
I will get the examination.
ともいえますが、ただし、それぞれの感じ方は違いますよね。haveを使うとゆるやかな広範囲の場所で試験を保有するので、なんとか試験を受けるという感じはしますが、getであれば試験を受験するというよりどちらかというと試験を身近に取り込む、例えば試験問題をゲットする、というような感じもします。

We will **take** a (coffee) break.
（一つ休憩を取りましょう［休憩を取って、そして休みましょう］）という感じです。この場合は、We will have a break.でも We will get a break.でも同じような意味を感じます。ただし少しずつですが、やはり感じるイメージは違いますよね。

Don't forget to **take** an umbrella with you.
（取ってテイクのを忘れずに、傘を一つ、あなたのすぐ近くに）
「傘を持って行って使いなさいよ」という感じです。
Don't forget to have an umbrella.
ですと、別にどこに持っていてもよいので、どこか外国にでも傘を忘れずにずうっと持っていればよいことになります。
　ただしこの例文のように「with you」を付ければ、あなたのすぐ近くに持っておく、という感じになり、takeに近い意味になります。また、
Don't forget to get an umbrella.
であれば、どこかで傘を買うのを忘れないでください、のような意味に感じます。やはり「with you」が付けば、まず傘を（心の中に）ゲットして、それからあなたのすぐ近くに持っていく感じになります。

We will **take** it into consideration.
（私達はそれを取ってテイクしますよ、考慮の中に）
「それを考慮していきますよ」という意味ですね。
We will have it into consideration.

でも、
We will get it into consideration.
でも意味は通じます。have は位置的に広く持つのですが、ここでは into consideration といって、その方向をはっきり示していますから、漠然と持っていく感じはしなくなります。

Don't **take** it for granted.
　(Don't **take** it for　(something)　granted.)
（それを取ってテイクしないでください、フォーら、[何か] 承認されているものに向かって）
　承認されているものの何かの方に、それを取っていかないでください。つまり「それを当たり前のことのように取るんじゃないよ」といっています。

I will **take** notes.
（私はノートを確保して書く行為をする）
　つまり「メモを取りますよ」という意味ですね。ここでは notes と複数形にしているので、たくさんメモを取る感じです。a note であればちょっとメモ一つになります。

I will **take** a shower.
（私は一つシャワーを確保してそれを行う）
「一つシャワーを浴びる」という意味です。a shower の代わりに a bath (ひとっ風呂) でも同じ感じで、お風呂を確保して身体を洗う、つまりひとっ風呂浴びる、という意味になります。

　ここでまたついですが、a が付けられるのは、必ずしも物理的に単純に数えられるものに対してだけではない、ということがここでも分かります。
　これ以外にも、a time（ひととき）、a space（一空間）などにも a が付けられます。日本語でも同じですね。ただ日本では「ひとシャワー」とはいいませんけどね。シャワーは最近日本に入ってきたものですから、まだ「シャワー一つ」だけで済ます人も少ないかもしれません。でも外国ではホテルや自宅にシャワーだけで湯船がないところはたくさんあります。そういったところでは「ひとシャワー」で済ますしかありません。

さて、take のイメージが get や have と若干違うのを感じましたでしょうか。

◆make……つくる

まずは「作る」をイメージする make

　make は**基本的**に「**作る**」という**意味**です。イメージ的に感じるのも、この「作る」が原則です。それが基になり、それから発展して辞書に出ているようなたくさんの意味になっています。まずは「作る」をイメージしてください。

　例文で見ていきます。
We will **make** a robot.
　（我々は、一つロボットを作りますよ）
　これは単純に作る（製作する）という意味です。

I will **make** her a nice dress.
　（私は作りますよ、彼女を、［どういった彼女かというと］一つ素敵なドレスの［つまりドレスを着ている］彼女を）
　この文の日本語訳は「彼女に（ドレスを）作ってあげる」が一般的なのでしょう。でも英語では、「make（作る）」するのはやはり「her（彼女）」であり、その彼女がどういう彼女か、またはどういう風に作られる彼女なのかの説明を後から付けている、というのが本当です。
I will **make** her in a nice dress.
　または
I will **make** her with a nice dress.
という言い方の前置詞が省略された言い回しです。
　英語では説明はほとんどいつも後から付け加える形をとります。日本語訳や、その中の「て、に、を、は」に惑わされないようにしてください。
　make her と言っているのですから、make するのは her であり dress では

ありません。英語は英語としてそのままを理解してほしいものです。

The wine is **made** from grapes.
（あの［有名な］ワインというものは、作られます、複数のブドウから）

Be sure not to **make** any trouble.
 (確かですよね、ノーですよ、トラブルを作るの)
「トラブルを引き起こさないよう気を付けてくださいね」ということです。トラブルは「作る」ものなんですよね。

I don't know what to **make** of his remarks.
（分からないね、何を作るか、彼の意見のことですよ）
　ofは「（の一部）のこと」という意味です。つまり、彼の意見のことで何を作ったらよいものか分からない。つまり、彼の意見から何が作れるんだろうか、彼の意見をどう判断したらよいのだろうか、という感じになりますね。「make（作る）」などを使って洒落た言い方するから分かりにくくなります。でもいろいろな言い方してもいいですよね。

What do you **make** of that?
（あなたは何を作りますか、そのことについて）
「そのことをどう考えますか？」という言い方もよく使われます。What do you think of that? と意味的には同じです。さらについでにいえば、上の例でofの代わりにaboutを使っても意味はよく分かりますよね。aboutは「周辺近くについていろいろ」と「もっと詳しく」という感じの意味です。

I will **make** you happy.
（私は作りますよ、あなたを、ハッピーのあなたを）
　どんなyouであるかについて、後ろからhappyであると説明を加える言い方です。まずyouが来て、その説明であるhappyを後ろに付けます。
　英語では説明はほとんどいつも後ろから加える、という形を取ります。そのため、英語を話す人たちの考え方自体も、結論を先に言い、その後からその説明をするという論法になっています。

ちょっと余談になりました。ここでの意味はつまり、「私はあなたを幸せにしますよ」ということです。そういうあなたを「make（作る）」するという言い方です。
　英語には「て、に、を、は」がありません。「you を」なのか**「you に」**なのかとかを気にせず、**you** が来たら **you** をそのまま感じてください。上の例の場合、make があるから「作る」をイメージし、you が来たら「あなた」をイメージし、そして happy が来たら「ハッピー」と感じればよいだけです。ただ英語では、説明をどんどん後ろに付け加えていく形で話を進めていきます。つまり日本語と逆順です。
　先の例の場合、make として何を作るかというと you で、その you はどんな you かというと happy なんだよ、という説明を順次後ろに付け加えていっています。こういう語順を自分で納得いくまでじっくり考えて、自分のものにしていってほしいと思います。「て、に、を、は」を気にせずに、です。

I will **make** you study harder.
　（私はあなたを作りますよ、言うことを聞いてもらいますからね、だからもっとしっかり勉強しなさい、と強制力を持って命令します」ということになります。
　つまり「君にはもっと勉強してもらいますからね」という言い方です。I will have you study harder. や I will get you study harder. と同じ意味です。ただし、have you と get you と make you のイメージの感じ方の違いがあります。make you を使うと結構強くなります。何しろ、「あなたを作ってしまう」のですから。作られた方はまさにロボットです。製作者であるご主人の言うことを絶対的に聞かないとなりません。強制力の強い方から順に並べると、make you、get you、have you です。

Make ready to start.
　（作りなさい、準備状態を、ツーっと開始するのに向かって）
　ここで、ready というのは I am ready. のように使う形容詞で「準備ができている」という意味ですが、make ready は make it ready という it、または make yourself ready の yourself が省略されている形です。まず「［それ］もしくは［あなた自身］を作るのですが、それはどういうものかというと ready のものです」ということになります。Get（it、yourself） ready to start. と

意味的には同じです。

「〜させる」表現は他にもたくさん

　ついでですが、例えば、
I will have you study harder.
I will get you study harder.
I will make you study harder.
はいずれも、you を自分のコントロール下状態に置くから、命令調に Study harder などといえるのだと説明しました。

　そして、さらについでに追加しますが、
I will let you study harder.
I will help you study harder.
も同じような意味を持ちます。ここで、let は「もしそういう気であれば、そうさせてあげるよ」という「許しを与える」ような感じで使います。例えばもしアメリカ人に I will let you…… と言うとそれだけで、「オッ!?」っという感じで身構えますね。「何を許してくれるって言うんだろう？」と思って緊張するわけです。これも相手を自分の支配下に置くような感じになりますので Study harder のように、命令調が使えます。
　help は「助けてあげるよ、そうしてあげるのだから自分の言うことを聞いてほしい」という感じで、同じように相手を支配下に置くことができますので、命令調で続けることができます。でもこの場合は強制力を与えるというより、手伝ってあげるよ、という感じにはなります。

　これらは皆、同じような意味を持ちますが、少しずつそのニュアンスが異なります。その違いが話し手の性格や感情を表すものになるわけです。
　それはそれとして、ここで言いたいのは、上の動詞 study に to を付けて「to ＋動詞」の不定詞の形にしても意味は通じます、ということです。例えば、
I will have you to study harder.
I will get you to study harder.
I will make you to study harder.

I will let you to study harder.
I will help you to study harder.
はそれぞれ充分意味が通じます。ただしここでは「文法はさて置いて」ということで、文法より実際の会話の世界で意味が通じるかどうか、という観点で話をします。意味的に、to のイメージは「ツーっと指差す先に向かう」ですから、上の文章はそれぞれイメージは違いますが、you を have や get して自分のコントロール下に置き、そしてツーっと先の study することに持っていく、という意味では皆同じになります。to が加われば、to の意味をそこで感じて解釈すればよいだけです。上の例文の場合、to が加わっても充分意味が理解できます。意味が通じれば、それは立派に言葉としての役割を果たしています。どういう言い方をするかは本人の自由です。

　さらにいえば、別に have や get などを使わずとも、それ以外にも you に勉強をさせようとする言い方はいろいろできます。例えば、
I will put you to study harder.
　（you を置いてしまおう、もっと勉強する方向に）

I will enforce you to study harder.
　（you を力づくで従わせよう、もっと勉強する方向に）

I will push you to study harder.
　（you を押すからね、もっと勉強する方向に）

I will kick you to study harder.
　（you を蹴っ飛ばしますからね、もっと勉強する方向に）
などとしても意味は同じように通じます。ただし、それぞれ受けるニュアンスは違います。enforce だとか kick を使うと言葉が激しさを増してきます。実際には力づくで押さえつけたり、蹴っ飛ばしたりはしないんですけどね。単にイメージを感じさせる風に言っているだけです。

　こういう感じで自分の熟語、というか自分の言い方を作って会話を楽しんでほしいと思います。それぞれの単語について「一つだけ」その意味を感じておきさえすれば、それらをつなげて、微妙な言葉の意味合いの違いを持た

せることができます。それぞれの単語の基本の意味を知って、使い分けることによりそのときの感情を表すことや、会話の雰囲気を盛り上げること、また逆に相手の気分を害することもできます。これが会話ですよね。日本語でもそれは同じです。

　さらにですが、上記の have や get、make、let、help などは、その目的語である相手を、後に付く動詞の行為で「自分（というか主語）の世界の中に取り込んでしまう」感じの動詞です。そういう自分（主語）の配下に置くような感じの場合ですから、その目的語である相手に対してある程度命令調のように言えます。
　一方、put や enforce、push、kick は、自分の世界の中に取り込むほどの行為ではありません。
　それ以外にも、例えば take も「取ってどこかに持っていく、そして何かをする」ような感じだけで、自分の配下に取り込むような感じではありません。ですからこれらの動詞を使った場合は、命令調のように言うことはできません。

　しかしながら、上記の have や get など以外にも「自分の世界の中に取り込む」ような状況を作る動詞があります。「see（見る）」や「watch（じっと見る）」などは「自分の視界の中に入ってくるものすべてを取り込んで見る」感じですので、例えば
I see him play the piano.
（私は彼がピアノを演奏するのを見ていますよ）

I watch him play the piano.
（私は彼がピアノを演奏するのをじっと見ていますよ）
という感じで言えます。つまり上の場合、彼を自分の視界の中に取り込むのですから、そういう自分の世界の中でピアノを演奏させるということも自分の好きにできるわけです。

　一方、look は同じ「見る」という感じの意味ですが、正確には「目を向ける、視線を投げる」という感じの意味ですので、自分の世界の中に取り込むような感じにはなりません。ですから I look him play the piano. のように

はいえません。lookの場合は「目を向ける」方向や場所を示す前置詞をつけてlook toとかlook atのようにいいます。
　似たような感じの意味にしたいのであれば、I look at him playing the piano.と、まず彼に視線を向け、その後で彼が何をしているか説明を加えるという言い方になります。つまりこの場合、彼というのはもう今はピアノを弾いている進行中なのですよ、という感じにします。

　また「見る」世界があれば「聞く」世界もあります。「hear（聞く）」も「自分の聞く世界に聞こえるものすべてを取り込んで聞く」という感じになりますので、
I hear him play the piano.
（私は彼がピアノを演奏するのを聞いていますよ）
という言い方ができます。
　一方、「listen」は同じ聞くという意味でも、正確には「耳を傾ける」という感じの意味ですから、自分の聞く世界に相手を取り込む感じではありません。lookと同様に、「listen（耳を傾ける）」方向を示す前置詞をつけてlisten toやlisten forの形で使います。
　前置詞の意味を思い出してもらえば分かると思いますが、toであれば確実にそこに到着しますから、確実に「聞く」場合にはlisten toという言い方をします。例えば
I will listen to the radio.
（私はそのラジオを聞くつもりです）
であれば、ツーっとそのラジオに到達するまで耳を傾けることになりますから、実際にラジオを聞くことになります。ところが一方で
I will listen for the radio.
というのであれば、「そのラジオ方面に耳を傾ける」という感じの意味になりますから、必ずしもラジオを聞くということではないかも知れません。ラジオの横で誰かがお話しをしているのを聞く、という場合にも使えます。そういう意味では、例えばどこから聞こえて来るのか分からない場内アナウンスのような場合であれば、I listened for the announcement at the airport.というのは正しい使い方になりますね。
　ついでの復習になりますが、forは「先広がりを持った感じで方向を指す」ものなので、

I am going for school.
であれば、学校方面には行くのですが、学校の隣りの公園に行くかも、という感じになってしまいます。

著者略歴

斎藤 博史 (さいとう・ひろふみ)

立教大学理学部物理学科卒業後、南カリフォルニア大学 (USC) 大学院にてコンピュータ・サイエンスのMaster Degree を取得。その後、日本以外にも、アメリカ各地およびイギリス・イタリア・スペイン・インドと、世界でコンピュータ・システム構築等の仕事に携わる。現在、横浜の関内にて「斎藤英語教室」を運営しながら教壇に立っている。

斎藤英語教室
http://www.geocities.jp/saito_interlink/

※本書は国際語学社から発行された『イングリッシュ・バイブル』を再編集した内容になります。

暗記しない英語（上）
――単語イメージから理解する前置詞・冠詞・基本動詞

2017年12月1日　初刷発行
2019年9月24日　二刷発行

著者　斎藤 博史

表紙デザイン　WORKS 若菜 啓
表紙イラスト　Shutterstock

発行者　松本善裕
発行所　株式会社パンダ・パブリッシング
　　　　〒111-0053　東京都台東区浅草橋5-8-11　大富ビル2F
　　　　https://www.panda-publishing.co.jp/
　　　　電話／03-6869-1318
　　　　メール／info@panda-publishing.co.jp
印刷・製本　株式会社ちょこっと

©Hirofumi Saito

※本書は、アンテナハウス株式会社が提供するクラウド型汎用書籍編集・制作サービスCAS-UBにて制作しております。
私的範囲を超える利用、無断複製、転載を禁じます。
万一、乱丁・落丁がございましたら、購入書店明記のうえ、小社までお送りください。送料小社負担にてお取り替えさせていただきます。ただし、古書店で購入されたものについてはお取り替えできません。